8 pack

page pock
cake Pock

NO SE AFANE POR NADA

(saca3palabrasde)

FORever
FORE
P
Fee
silent or

tie ten
lie net
nest
NO
listen.
NewPaperSent ValenTine
PePPer vent
New nine
Restroom net
test met sore int
moot store valient
Root too Tint
set neva
more
most. Ten Tale
ant
leave

NO SE AFANE POR NADA

JOYCE MEYER

CASA
CREACIÓN
A STRANG COMPANY

No se afane por nada por Joyce Meyer
Publicado por Casa Creación
Una compañía de Strang Communications
600 Rinehart Road
Lake Mary, Florida 32746
www.casacreacion.com

A menos que se indique lo contrario, todos los textos bíblicos han sido tomados de la versión Reina-Valera, de la *Santa Biblia*, revisión 1960. Usado con permiso.

Algunos textos bíblicos han sido tomados de la *Santa Biblia, Nueva Versión Internacional* (NVI), © 1999 por la Sociedad Bíblica Internacional. Usado con permiso.

Los textos bíblicos marcados (LBLA) están tomados de *La Biblia de las Américas*, copyright The Lockman Foundation, ©1986, 1995, 1997. Usado con permiso.

Los textos bíblicos marcados (LBAD) están tomados de La Biblia al Día, Nuevo Testamento, copyright *Living Bibles International*, ©1979, 1984. Usado con permiso.

Este libro fue publicado originalmente en inglés con el título: *Be Anxious For Nothing*, Copyright © 1998 por Joyce Meyer, por Warner Faith, una división de AOL Time Warner Book Group. This edition published by arrangement with Warner Books, Inc., New York, New York, USA. All rights reserved.

Traducido por Carolina Laura Graciosi, María Mercedes Pérez y María Bettina López
Coordinación y revisión de la traducción: María Fabbri Rojas
Diseño interior por: Grupo Nivel Uno, Inc.

Library of Congress Control Number: 2006920880

ISBN: 1-59185-523-3

Impreso en los Estados Unidos de América

06 07 08 09 ❖ 9 8 7 6 5 4 3 2 1

Contenidos

Introducción

～∞～

*No se afanen por nada; más bien oren por todo.
Presenten ante Dios sus necesidades y después no dejen de
darle gracias por sus respuestas. Haciendo esto sabrán ustedes
lo que es la paz de Dios, la cual es tan extraordinariamente
maravillosa que la mente humana no podrá jamás entenderla.
Su paz mantendrá sus pensamientos y su corazón en la
quietud y el reposo de la fe en Jesucristo.*

Filipenses 4:6-7 LBAD

*Humillaos, pues, bajo la poderosa mano de Dios,
para que él os exalte cuando fuere tiempo;
echando toda vuestra ansiedad sobre él,
porque él tiene cuidado de vosotros.*

1 Pedro 5:6-7

La paz debe ser la condición normal para nosotros como creyentes en Cristo Jesús. Pero muy pocos en el pueblo de Dios están gozando de esa paz como parte de su vida diaria.

En su Palabra, Dios nos dice que por nada estemos afanosos y que echemos nuestra ansiedad sobre Él. Muchas personas están familiarizadas con estas Escrituras pero no saben cómo hacer lo que ellas enseñan. A veces estamos tan acostumbrados a responder a las circunstancias que experimentamos en la vida del mismo modo que los no creyentes que nos rodean, que pasamos mucho de nuestro tiempo enredados en preocupaciones o confusión. ¡Pero podríamos estar disfrutando la abundancia de vida y paz que Dios tiene para nosotros!

En mi propio caso, viví muchos años en tal estado de agitación, que no me daba cuenta de cuán anormal era realmente eso. Sólo cuando comencé a estudiar la Palabra de Dios y a aplicarla a mi propia vida empecé a experimentar la paz del Señor.

Por un tiempo, cuando recién comencé a experimentar vez la paz de Dios, por extraño que parezca: ¡me aburría! Yo estaba habituada a estar metida siempre en algún terrible lío, algún gran alboroto. Pero ahora no puedo seguir estando alterada. Ni siquiera me gusta andar a las corridas, sino que me encanta, disfruto y aprecio la paz de Dios que ha llenado cada área de mi vida. Tengo paz en mi mente, en mis emociones; respecto a mi familia, a mi ministerio; respecto a todo.

En este libro examinamos las Escrituras que nos muestran cómo dejar de estar afanosos, y vemos maneras prácticas de aplicar esas Palabras a nuestras vidas. También identificamos áreas específicas, reacciones, o hábitos que permiten que la ansiedad entre en nuestra vida, y las acciones dirigidas por Dios e investidas de su poder que podemos realizar para poner freno a algunas situaciones desagradables, ¡ya que su desarrollo conduce fácilmente a la ansiedad!

Si usted no está viviendo en la paz de Dios, sepa que puede vivir en esa paz como un estado normal.

Parte 1

NO SE AFANE POR NADA

1

⌘

JESÚS Y LA PAZ

"La paz os dejo, mi paz os doy;
Yo no os la doy como el mundo la da..."

JUAN 14:27

Esta afirmación de Jesús está expresando que Él nos *legó* su paz. Jesús nos dejó su paz. Esto significa que vivir en estado de confusión, preocupación, ansiedad, temor y frustración es anormal para un creyente. Dios no desea que vivamos de esa manera. La Biblia nos muestra cómo recibir y vivir la paz que Jesús dejó para nosotros.

Como creyentes, tenemos una formidable cantidad de protección de Dios sobre nosotros y a nuestro alrededor (Salmo 91). Dios quiere bendecirnos abundantemente y siempre está buscando maneras de hacerlo y de tocarnos con su amor para que estemos más abiertos a recibir sus bendiciones (ver Juan 10:10, Efesios 3:20, 2 Crónicas 16:9).

Pero nuestra salvación como cristianos no nos garantiza una vida libre de preocupaciones. Seguiremos encontrando problemas. Cada uno de nosotros en diferentes momentos de nuestra vida atravesamos épocas en que las cosas no ocurren como quisiéramos. Pero Jesús, el Príncipe de Paz (ver Isaías 9:6), ha vencido al mundo.

> Estas cosas os he hablado para que en mí tengáis paz. En el mundo tendréis aflicción; pero confiad!, yo he vencido al mundo.
>
> JUAN 16:33

En Juan 14:1 justo ante de retornar al Padre en el cielo, Jesús nos dejó estas palabras:

> No se turbe vuestro corazón; creéis en Dios, creed también en mí.

La parte que resta de Juan 14:27, parcialmente citada antes, dice:

> No se turbe vuestro corazón, ni tenga miedo.

Romanos 14:17 nos dice que la vida en el Reino es justicia, paz, y gozo en el Espíritu Santo. Lucas 17:21 nos dice que el reino de Dios está entre nosotros. Fuimos hechos justos o puestos en la posición correcta con Dios, cuando entramos en una relación personal con Jesús (ver 2 Corintios 5:21). El gozo y la paz son dos componentes del fruto del Espíritu Santo (ver Gálatas 5:22-23) y están dentro de quienes creemos en Jesús.

Están listos para manifestarse. Entramos al gozo y la paz del reino de Dios cuando creemos.

SÓLO CREE

En el siguiente pasaje se nos dice que el Dios de esperanza nos llenará con gozo y paz cuando creamos, de modo que abundemos y estemos rebosantes –desbordantes– de esperanza.

> Y el Dios de esperanza os llene de todo gozo y paz en el creer, para que abundéis en esperanza por el poder del Espíritu Santo.
>
> ROMANOS 15:13

Según el escritor de Hebreos, los que realmente *creemos* podemos entrar en el bendito reposo sabático del Señor.

> Por tanto, queda un reposo para el pueblo de Dios.
>
> Porque el que ha entrado en su reposo, también ha reposado de sus obras, como Dios de las suyas.
>
> Procuremos, pues, entrar en aquel reposo para que ninguno caiga en semejante ejemplo de desobediencia.
>
> HEBREOS 4:9-11

En el descanso sabático del Señor podemos dejar el cansancio y el dolor de las obras humanas. ¿Qué se requiere para entrar a este reposo? Una actitud de fe como la de un niño.

Leemos en Marcos 10:15 que Jesús dijo a sus discípulos: *De cierto os digo, que el que no reciba el reino de Dios como un niño, no entrará en él.*

La fe de un niño es simple. Un niño no trata de entender todo y de hacer un detallado plan de cómo exactamente vendrá su solución. Él simplemente cree porque los padres le dijeron que se harían cargo del problema.

Si los miembros de la iglesia han perdido el gozo de su salvación, algunas veces puede deberse a que el fundamento de su gozo está puesto en el lugar equivocado.

Cuando Jesús envió a los setenta a ministrar en su nombre a las necesidades de otros, ellos volvieron regocijándose de su poder sobre los demonios. Pero Jesús les dijo: *...no os regocijéis de que los espíritus se os sujetan, sino regocijaos de que vuestros nombres están escritos en los cielos* (Lucas 10:20).

Jesús nos dice que debemos regocijarnos, no porque tengamos poder sobre los demonios o las circunstancias de la vida, *sino porque nuestros nombres están escritos en los cielos.* Habacuc 3:18 dice: *Con todo, yo me alegraré en Jehová, y me gozaré en el Dios de mi salvación.* El gozo de nuestra salvación viene del gozo del primero y más grande de todos los regalos: el amor de Dios por nosotros tal como se expresó en su Hijo Jesucristo.

Como creyentes, nuestro gozo y paz no se basan en *hacer y obtener,* sino en *creer.* El gozo y la paz vienen como resultado de edificar nuestra relación con el Señor. El Salmo 16:11 nos dice que en su presencia hay plenitud de gozo. Si hemos recibido a Jesús como nuestro Señor y Salvador, Él, el Príncipe de Paz vive dentro de nosotros (ver 1 Juan 4:12-15, Juan 14:23). Experimentamos paz en la presencia del Señor, recibiendo de Él y actuando en respuesta a su dirección. El gozo y la paz vienen de conocerlo, de creerle: de confiar en el Señor con la sencilla fe de un niño.

2

⌘

¡ES BUENO DISTENDERSE!

*La ansiedad en el corazón el hombre lo deprime;
mas la buena palabra lo alegra.*

PROVERBIOS 12:25 LBLA

La Biblia enseña que la ansiedad provoca un estado de pesar en la vida de una persona. El diccionario define *ansiedad* como "un estado de desasosiego, preocupación... Temor anormal que carece de una causa específica".[1] En ocasiones esta desazón es vaga, algo que no puede ser fácilmente identificado. Es un temor o terror que no tiene una causa u origen específicos. Yo solía padecer este tipo de ansiedad sin siquiera saber qué era.

Las "zorras pequeñas" que le roban su gozo

⁓≫⋘∞

Todos los días del afligido son *difíciles*; mas el de
corazón contento tiene un banquete continuo.
PROVERBIOS 15:15

Cierta vez atravesé un periodo de mi vida en el que viví
atormentada por la ansiedad. Estaba llena de temor y terror sin
ninguna razón en particular. Sentía que algo terrible estaba por
pasar. Finalmente fui al Señor y le pregunté qué era lo que me
estaba afligiendo. Me dijo que era una "aprensión maligna". En
ese entonces ni siquiera sabía lo que significaba esa frase o de
dónde venía.

Tiempo después, descubrí Proverbios 15:15. De inmediato reconocí el término que el Señor había usado cuando me
dijo lo que me estaba atormentando: una "aprensión maligna".

En aquellos días yo era como tanta otra gente. Buscaba
cuál era el "monstruoso problema" que me estaba impidiendo
disfrutar de la vida. Yo me tomaba todo demasiado en serio, y
me estaba creando problemas donde en realidad no existían.

Un día en una reunión, el Señor me dijo que declarara
algo. Al parecer alguien necesitaba oír esto: "Deja de hacerte
problema por nada".

Yo era el tipo de persona que necesitaba oír instrucciones
como ésa. Podía hacer una montaña de un grano de arena.
Tenía que aprender a pasar por alto algunas cosas –olvidarlas
y seguir adelante. Algunos de nosotros nos preocupamos por
cosas que no valen la pena: esas *zorras pequeñas, que echan a
perder las viñas* (Cantar de los Cantares 2:15). Si nuestra vida

consiste en alterarse por una pequeñez tras otra, nunca tendremos mucha paz ni gozo.

Como vimos antes, Jesús dijo: *No se turbe vuestro corazón...* (Juan 14:1). *...No se turbe vuestro corazón, ni tenga miedo* (Juan 14:27).

En otras palabras, Jesús estaba diciendo: "¡Basta ya!" Este versículo nos permite ver que podemos controlar la forma en que reaccionamos ante algo que nos aflija. Podemos elegir la paz o la preocupación. Podemos elegir permanecer calmos *o* calmarnos si habíamos empezado a inquietarnos.

Jesús también dijo: *En este mundo afrontarán aflicciones, pero ¡anímense! Yo he vencido al mundo...* (Juan 16:33 NVI).

Sufriremos persecución por causa de la Palabra (Marcos 4:17) y como dijimos antes, en nuestra vida cotidiana las cosas no saldrán exactamente como a nosotros nos gustaría. Jesús dijo que en este mundo habrá tribulación, pero tenía una respuesta para eso: *... ¡anímense!* En lenguaje actual, podríamos parafrasear esa expresión como: "¡Arriba ese ánimo!"

Jesús, quien vive dentro de cada uno de los que creemos en Él, ha vencido al mundo. ¡Eso nos da razón más que suficiente para calmarnos y cobrar ánimo!

Una vez que comencé a entender este principio, cuando empezaba a preocuparme por algo que realmente no tenía importancia, me parecía oír al Señor decirme: "¡Cálmate y cobra ánimo! No te tomes todo tan en serio. Distiéndete. ¡Disfruta de la vida!" Entonces pensaba: "Oh, es verdad. Se supone que debo gozar de la vida. Tengo gozo en mi salvación, y el Príncipe de Paz, que ha vencido al mundo, ¡vive en mí!"

Aunque haga tiempo que vivimos conforme a estos principios, de vez en cuando necesitamos hacer algunos ajustes. Aun hoy debo recordarme que tengo que distenderme. O Dios me dice: "Ahora, Joyce, ¡escucha uno de tus propios mensajes!"

Soy por naturaleza *extremadamente* vehemente, y vengo de un pasado de terrible abuso. Si yo puedo distenderme, ¡cualquiera puede hacerlo!

Algunas personas experimentan ansiedad como resultado de profundas heridas del pasado. Llegar a liberarse de ataduras emocionales no siempre es fácil. Pero si usted se lo permite, ¡el Espíritu Santo lo guiará paso a paso en el camino que lo conducirá a la libertad!

Encontré un pasaje de la Escritura que dice que una mujer debería disfrutar de su marido (ver 1 Pedro 3:2). Durante años no pude disfrutar de mi marido porque estaba enfrascada en mi propósito de cambiarlo —así como a mis hijos, a mí misma y a todos los aspectos de mi vida.

Tenía una linda familia, pero no la disfrutaba. Estaba tan ocupada tratando de cambiarlos a todos, que nunca los dejaba gozar de la vida.

Tenía un bonito hogar, pero no lo disfrutaba. Lo mantenía impecablemente limpio y con cada cosa en su lugar. Pero era tan exigente al respecto que no lo disfrutaba, y tampoco dejaba que los demás lo hicieran.

Mis hijos tenían hermosos juguetes, pero nunca podían disfrutarlos porque yo no quería que los juguetes estuvieran "tirados por todos lados". Nunca quería sacarlos y jugar con mis hijos —ni tampoco dejaba que jugaran con ellos. Yo no sabía lo que era divertirse. En realidad, por la forma en que me criaron pensaba que nadie *debía* divertirse. Todo cuanto conocía era el trabajo.

Solía decirles a mis hijos: "Salgan de aquí y vayan a jugar". Pero cuando iban a jugar, yo iba tras ellos diciendo: "¡Ordenen todo este lío! ¡Recojan todo esto y ordenen la habitación ahora mismo! ¡Lo único que hacen es darme más trabajo!"

Y después me preguntaba por qué no era feliz. No podía entender por qué estaba atormentada por "aprensiones malignas". Eso siguió hasta que el Señor trajo sanidad y liberación a mi vida.

El propósito que hay detrás de la ansiedad

...un espíritu afable y apacible, que es de grande estima delante de Dios.

1 Pedro 3:4

Según Pedro, esta clase de espíritu que agrada a Dios es un espíritu afable y apacible que no está ansioso ni alterado. Estar *alterado* significa estar tenso, enmarañarse, estar inquieto y agitado. Estar *ansioso* es estar preocupado, intranquilo o trastornado.

¿Por qué el diablo trata de que estemos tensos, enmarañarnos, inquietos, agitados, preocupados, intranquilos o angustiados? Quiere evitar que centremos nuestra atención en las cosas buenas que Dios nos ha dado. Quiere impedirnos gozar de nuestra relación con el Señor y de la vida abundante que la muerte de Jesús proveyó para nosotros.

Como resultado del abuso sufrido mientras crecía, nunca disfruté de nada en mi vida. Por la forma en que fui tratada siendo pequeña, realmente nunca llegué a ser una nena, por lo que no sabía ser como una niña. Para mí todo era gravoso. Como estaba tan tensa, preocupada y alterada, exageraba todo desmedidamente. Hacía un problema de cualquier cosa. Tenía que aprender a relajarme, distenderme, y pasar por alto algunas cosas. Tenía que aprender que si no siempre todo resultaba exactamente como yo quería, no era el fin del mundo.

Gócese en el hoy

༄༅

Este es el día que hizo Jehová; nos gozaremos y
alegraremos en él.

Salmo 118:24

Ansiedad también significa pensar o estar "... aprensivo o preocupado acerca de lo que puede ocurrir; preocupación por un posible suceso futuro".[2] Una vez el Señor me dijo: "La ansiedad es causada por tratar de centrarse mental y emocionalmente en cosas que todavía no han llegado o que ya han sucedido". Dejar mentalmente el lugar donde se está e irse a un área del pasado o del futuro.

Desde que el Señor me dio esa definición he tratado de aprender a distenderme y gozar de la vida. Eso no quiere decir que ande por ahí actuando como una cabeza hueca. La Biblia dice que los creyentes debemos ser sobrios, vigilantes y prudentes, y estar alertas contra nuestro enemigo, el diablo, que está buscando a quién devorar (ver 1 Pedro 5:8).

En este mundo están sucediendo muchas cosas graves, y es necesario que seamos conscientes de eso y estemos preparados. Pero al mismo tiempo debemos aprender a relajarnos y tomar las cosas como vienen sin ponernos nerviosos o inquietos al respecto.

Debemos aprender cómo gozar de la buena vida que Dios proveyó para nosotros por medio de la muerte y resurrección de su Hijo Jesucristo (ver Juan 10:10). A pesar de todas las cosas perturbadoras que suceden en el mundo que nos rodea, nuestra confesión diaria debería ser: "Este es el día que hizo Jehová; nos gozaremos y alegraremos en él".

Algo que los cristianos debemos hacer más a menudo es reír. Tendemos a ser demasiado severos respecto a todo: nuestro pecado, la perfección que esperamos de nosotros mismos, nuestro crecimiento en Dios, nuestra vida de oración, los dones del Espíritu, y la memorización de versículos bíblicos. Arrastramos cargas demasiado pesadas.

Si tan sólo nos riéramos un poquito más –*anímense*, "arriba el ánimo"– veríamos que un poco más de risa hace que la carga sea mucho más liviana. En el mundo en que vivimos hoy no hay muchos motivos para reír, así que debemos proponernos hacerlo. Es fácil encontrar muchas cosas de qué preocuparse. Para ser felices, debemos esforzarnos un poco. Es necesario que riamos y la pasemos bien.

Una noche, mi esposo y yo estábamos en la cama y empezamos a hacernos cosquillas. Nos reíamos y enredábamos como dos locos, riéndonos a carcajadas y haciéndonos cosquillas. Mi único problema es que cada vez que lucho con Dave, él gana. He intentado ganarle juntando a todos mis hijos para que lo sujeten mientras yo le hago cosquillas –sólo para pasar un buen rato.

Algunas personas son demasiado almidonadas y religiosas como para hacerle cosquillas a alguien. Más bien estarían acostados y dirían: "¡Aleluya!" Algunas esposas cuyos esposos son inconversos se quedan allí orando en los oídos de su marido. En lugar de eso, deberían darse vuelta y hacerle cosquillas. ¡Está bien distenderse!

No esté ansioso: ¡regocíjese!

⧫

> Regocijaos en el Señor siempre. Otra vez digo:
> ¡Regocijaos! [...] Por nada estéis afanosos, sino
> sean conocidas vuestras peticiones delante de Dios
> en toda oración y ruego, con acción de gracias. Y
> la paz de Dios que sobrepasa todo entendimiento,
> guardará vuestros corazones y vuestros pensa-
> mientos en Cristo Jesús.
>
> FILIPENSES 4:4, 6-7

Dos veces en este pasaje el apóstol Pablo nos dice que nos regocijemos. Nos urge a no estar ansiosos ni afanosos por nada sino a dar gracias a Dios *en* todo —no *después* que todo pasó.

Si esperamos a que todo sea perfecto antes de regocijarnos y dar gracias, no resultará muy divertido. Aprender a disfrutar de la vida incluso en medio de circunstancias difíciles es una forma de desarrollar la madurez espiritual.

En 2 Corintios 3:18 Pablo escribe:

> Por tanto, nosotros todos, mirando a cara descu-
> bierta como en un espejo la gloria del Señor,
> somos transformados de gloria en gloria en la
> misma imagen...

Esto significa que hay muchas etapas que debemos atrave-sar en el curso de nuestro crecimiento espiritual. Debemos aprender a disfrutar de la gloria que experimentamos en cada nivel de nuestro desarrollo. Es verdad que aún no estamos donde debemos estar, pero, gracias a Dios, ya no estamos donde estábamos antes. Estamos en algún punto del camino, pero vamos avanzando hacia nuestra meta —y deberíamos disfrutar de cada etapa.

A menudo los padres jóvenes esperan disfrutar de su hijo cuando haya llegado a determinada etapa de crecimiento. Cuando es bebé dicen: "Voy a ser feliz cuando deje los pañales o termine de cortar los dientes o aprenda a caminar". Después dicen: "Voy a ser feliz cuando vaya al jardín de infancia". Después eso se convierte en: "Voy a ser feliz cuando empiece la escuela". Más adelante dicen: "Voy a ser feliz cuando se gradúe". Y así transcurre el tiempo hasta que su hijo se convierte en adulto y se va, y los padres nunca disfrutaron realmente de ninguna etapa de su vida. Siempre esperaban a ser felices *cuando*.

Posponemos el gozo hasta que todo sea perfecto —lo cual sabemos que no va a suceder nunca en esta vida. Necesitamos aprender a regocijarnos y alegrarnos en el Señor en este día y todos los días en el camino hacia nuestra meta.

Cuando inicié mi ministerio y celebraba reuniones a las que asistían solamente unas cincuenta personas, decía constantemente: "Qué feliz seré cuando tenga cientos de personas en mis reuniones". Pero aprendí que nada de eso trae felicidad o gozo porque siempre queremos más. También descubrí que cada fase de desarrollo viene con su propio conjunto de problemas.

Finalmente encontré la puerta hacia la felicidad. Está expresada en las palabras de esta canción al Señor: "El Señor me hace; Él me hace feliz; me gozaré porque Él me hace feliz".[3]

Por la forma en que yo era en aquel entonces, tendría que haber cantado: "Si hace lo que yo quiero, me hace feliz; si no, me hace triste". Finalmente el Señor me ayudó a superar esto al enseñarme que la plenitud de gozo se encuentra en su *presencia* —¡no en sus *presentes*! (Salmo 16:11).

El verdadero gozo viene de buscar el rostro de Dios.

La gente que cree que va a ser feliz cuando Dios haga algo en particular por ellos, generalmente no puede ser feliz hasta que Él haga algo más por ellos. Pueden pasarse toda la vida esperando alguna otra oportunidad para ser felices.

Un día cuando iba hacia una reunión iba cantando aquella canción: "Tú me haces feliz; Tú me haces feliz; me gozaré porque Tú me haces feliz".[4] De pronto el Señor me habló y dijo: "Por primera vez en tu vida la estás cantando bien".

Había cantado esa canción muchas veces, pero nunca de corazón. Una vez que me ayudó a progresar en esa área, pude cantarla como debía ser cantada: como un himno de alabanza y acción de gracias a Dios por lo que Él *ya hizo* y no por lo que va a hacer *cuando*.

Para vivir en la plenitud del gozo del Señor debemos buscar algo por lo que estar alegres con prescindencia de nuestras circunstancias actuales. El mundo está lleno de gente y situaciones que nunca nos van a agradar. Aún las personas y cosas que nos agradan sólo lo harán por un corto tiempo. Tarde o temprano la gente –incluso los cristianos– nos fallará, y las circunstancias se volverán contra nosotros. Por eso debemos aprender a obtener nuestra felicidad y gozo, no de lo exterior sino del Señor que está en nosotros. Debemos aprender a no inquietarnos ni estar ansiosos por nada sino a dar gracias y alabar a Dios en todas las cosas. Entonces, la paz que sobrepasa todo entendimiento será nuestra.

Siempre habrá ocasiones en las que estaremos ansiosos, preocupados e intranquilos. El diablo se asegurará de que así sea porque sabe que la ansiedad agobia el corazón del hombre. Cuando el diablo trata de causar ansiedad en nuestro corazón, debemos entregársela al Señor en oración con acción de gracias, presentándole nuestras peticiones. Entonces la paz que sobrepasa todo entendimiento guardará nuestros corazones y mentes en Cristo Jesús.

Yo solía preocuparme por mi hijo, de catorce años entonces, al que mi esposo Dave y yo debíamos dejar en casa mientras viajábamos por el ministerio. Varias veces durante el día, mientras estábamos fuera, el diablo trataba de hacer que me preocupara por lo que le estaría sucediendo a Danny durante nuestra ausencia. Cada vez que Satanás intentaba ponerme esa carga, yo me detenía y oraba: "Padre, te doy gracias porque estás cuidando a Danny. Gracias, Señor, porque tienes un buen plan para su vida y porque lo estás protegiendo y estás haciendo lo que es mejor para él. Gracias porque está cubierto por la sangre de tu Hijo Jesús".

Me negué rotundamente a que Satanás me agobiara con preocupación y ansiedad. En lugar de eso, acudí al Señor en oración, gozándome en medio de mis circunstancias difíciles. El Señor contestó mis oraciones y me dio la paz y el gozo que prometió a todos los que rehúsan ceder a la preocupación y el temor, y acuden a Él con fe sencilla y confiada.

CATEGORÍAS DE ANSIEDAD

Muchas son las aflicciones del justo, pero de todas ellas le librará Jehová.
SALMO 34:19

Aunque las aflicciones del justo son muchas, hay tres categorías principales de ansiedad. Consideremos cada una de ellas y veamos cómo debemos manejarlas para que no nos arrastren a la depresión y la desesperación.

1. El pasado y el futuro

◈

Guarda tu pie...

ECLESIASTÉS 5:1

Mi definición personal de *ansiedad* es abandonar mentalmente el lugar donde se está e irse a un área del pasado o del futuro.

Una de las cosas que necesitamos entender es que Dios quiere que aprendamos a ser "gente del ahora". A eso se refería el Señor en la Biblia cuando dijo: "He aquí, ahora es EL DÍA DE SALVACIÓN" (2 Corintios 6:2), "SI OÍS HOY SU VOZ" (Hebreos 3:7,15), "SI OÍS HOY SU VOZ... queda, por tanto, un reposo sagrado para el pueblo de Dios" (Hebreos 4:7-9 LBLA).

Con demasiada frecuencia pasamos nuestro tiempo en el pasado o en el futuro. Es necesario que aprendamos a vivir en el ahora –tanto mental como física y espiritualmente.

Un día, mientras me cepillaba los dientes, advertí repentinamente que lo estaba haciendo a las apuradas, con el estómago hecho nudos. Aunque físicamente estaba haciendo una cosa, mentalmente estaba pensando en lo siguiente que había planeado hacer apenas terminara. Estaba tratando de apurarme y terminar una cosa para pasar a la siguiente.

Cuando era una joven ama de casa solía tener un ataque de nervios todos los días para hacer que mi esposo se levantara y se preparara para ir a trabajar y para levantar a nuestros hijos pequeños y prepararlos para ir a la escuela. Me ponía mental y emocionalmente tan nerviosa por todas las cosas que quería hacer ese día, que no podía concentrarme en nada por mucho tiempo.

Cuando estaba en medio de una actividad, me daba cuenta de alguna otra que no había hecho. Entonces dejaba esa tarea y empezaba otra. Y continuaba así con una cosa tras otra.

Obviamente, al final del día estaba en peor estado mental, emocional y físico que al comenzar la mañana. Todo estaba a medio hacer, y yo me sentía totalmente frustrada, estresada, hecha polvo y ansiosa porque lo mismo sucedería al día siguiente –todo porque había dejado de concentrarme en una cosa a la vez.

¿Sabe por qué nos resulta tan difícil concentrarnos en una cosa a la vez? Porque estamos más ocupados con el pasado o el futuro que con el presente.

En Eclesiastés 5:1, la Biblia nos dice que debemos poner atención en lo que estamos haciendo, "guarda tu pie" –tu equilibrio. En otras palabras, debemos mantener un equilibrio en la vida. Si no lo hacemos, nada tendrá realmente sentido alguno. Debemos aprender a concentrarnos en lo que estamos haciendo. Si no, acabaremos estando ansiosos y preocupados porque mentalmente siempre estaremos viviendo en el ayer o en el mañana cuando deberíamos estar viviendo en el hoy.

Hay una unción en el hoy. En Juan 8:58, Jesús se refirió a sí mismo como al "Yo Soy". Si usted y yo, como discípulos suyos, tratamos de vivir en el pasado o en el futuro, la vida nos resultará dura porque Jesús está siempre en el presente. Eso es lo que tenía en mente en Mateo 6:34 cuando dijo: *Así que, no os afanéis por el día de mañana, porque el día de mañana traerá su afán. Basta a cada día su propio mal.*

Jesús nos dijo claramente que no tenemos que preocuparnos por nada. Todo lo que tenemos que hacer es buscar el reino de Dios, y Él nos añadirá todo lo que necesitemos, ya sea comida o vestido o techo o crecimiento espiritual (ver vv. 25-33).

No tenemos que estar preocupados por el mañana, porque el mañana traerá consigo sus propios problemas. Necesitamos concentrar toda nuestra atención en el hoy y dejar de ser tan ansiosos y de hacernos problemas por todo. ¡Cálmese y distiéndase! Ría más y preocúpese menos. Deje de arruinar el hoy preocupándose por el ayer o el mañana –respecto a los cuales no podemos hacer nada. Debemos dejar de desperdiciar nuestro precioso "ahora", porque él no volverá jamás.

¿Cuántos años de mi vida desperdicié, atormentándome con preocupación y ansiedad innecesarias, tratando de ocuparme de cosas que no me correspondía manejar? Siempre fui una persona responsable, pero además de la *responsabilidad* por mi vida me hice cargo del *cuidado* de ella. Según la Biblia, debemos ejercer nuestra responsabilidad, pero debemos echar nuestra ansiedad sobre el Señor porque Él tiene cuidado de nosotros (ver 1 Pedro 5:7).

Dios cuida de usted. A Él le interesa todo lo que a usted le concierne. Él cuida de su vida. No la desperdicie esperando a que todo esté perfecto para empezar a disfrutarla. No desperdicie su precioso "ahora" preocupándose por el ayer o por el mañana.

La próxima vez que se vea tentado a preocuparse o ponerse ansioso por algo –especialmente algo del pasado o del futuro– piense en lo que está haciendo y vuelva su mente a lo que está sucediendo hoy. Aprenda del pasado y prepárese para el futuro, pero *viva en el presente*.

2. Confrontaciones y conversaciones

Pero cuando os trajeren [ante el tribunal] para entregaros, no os preocupéis por lo que habéis de

decir, ni lo penséis, sino lo que os fuere dado en
aquella hora, eso hablad; porque no sois vosotros
los que habláis, sino el Espíritu Santo.

MARCOS 13:11 (NOTA ACLARATORIA)

En este pasaje Jesús estaba advirtiendo a sus discípulos que
cuando salieran al mundo a predicar el Evangelio a toda criatura, como Él les había mandado hacer, tendrían oposición. Los
estaba preparando para enfrentar la tribulación y la persecución.
Les estaba diciendo que serían llevados ante gobernadores y reyes
por causa de su nombre, como testimonio para ellos (v. 9).

Jesús concluyó sus observaciones instruyendo a sus discípulos que no se preocuparan por lo que dirían, ni trataran de
imaginarlo o meditarlo, porque cuando abrieran la boca para
hablar, no serían ellos sino el Espíritu Santo quien hablaría.

Pasé muchos años de mi vida ensayando mentalmente lo
que iba a decir a la gente. Me imaginaba lo que me dirían, y después trataba de prefigurar lo que les iba a responder. En mi cabeza practicaba una y otra vez esas conversaciones imaginarias.

Quizás usted hace lo mismo, por ejemplo, antes de entrar a
pedirle a su jefe un aumento o tiempo libre para una necesidad
especial. Si está lleno de ansiedad, puede ser una señal de que
cree que el resultado de esa conversación depende de usted y de
su capacidad más bien que del Espíritu Santo y su capacidad.

Como en todos los aspectos de la vida, es necesario mantener un equilibrio. Si estamos seguros de que estamos operando
conforme a la Palabra de Dios y en obediencia a su voluntad,
no tenemos por qué estar nerviosos, preocupados o ansiosos
por lo que vamos a decir a otros. Por supuesto, debemos estar
preparados, pero si ensayamos excesivamente la conversación
una y otra vez, es una indicación de que no estamos confiando
en la unción de Dios sino en nosotros mismos. En ese caso, ¡no
nos irá tan bien como si dependiéramos totalmente de Él!

Necesitamos pedir al Señor que nos dé favor con todos aquellos con quienes hablamos. Entonces podemos tener confianza en que cualquiera fuere el resultado de nuestra conversación o confrontación, es la voluntad de Dios, y que redundará en beneficio de todos los involucrados (ver Romanos 8:28).

3. Deberes y obligaciones cotidianos

Aconteció que yendo de camino, entró en una aldea; y una mujer llamada Marta le recibió en su casa. Esta tenía una hermana que se llamaba María, la cual, sentándose a los pies de Jesús, oía su palabra. Pero Marta se preocupaba con muchos quehaceres, y acercándose, dijo: Señor, ¿no te da cuidado que mi hermana me deje servir sola? Dile, pues, que me ayude. Respondiendo Jesús, le dijo: Marta, Marta, afanada y turbada estás con muchas cosas. Pero sólo una cosa es necesaria; y María ha escogido la buena parte, la cual no le será quitada.

LUCAS 10:38-42

En este pasaje vemos a una hermana, Marta, afanada y turbada porque está demasiado atareada y llena de ocupaciones, mientras que la otra hermana, María, está felizmente sentada a los pies de Jesús disfrutando de su presencia y comunión.

Puedo imaginarme a Marta en esta escena. Estoy segura de que tan pronto se enteró de que Jesús vendría a su casa, comenzó a correr de un lado a otro limpiando y lustrando y cocinando, tratando de preparar todo para su visita. La razón por la que me resulta tan fácil imaginarme a Marta en esta situación es porque yo era igual que ella.

Una vez el Señor me dijo: "Joyce, no puedes disfrutar de la vida porque eres demasiado complicada". Él se refería a una barbacoa que yo estaba convirtiendo en una gran puesta en escena.

Mi esposo y yo habíamos invitado a algunos amigos a casa el domingo a la tarde, y les dijimos que pondríamos algunas salchichas en la parrilla, abriríamos algunas papas fritas y una lata de carne de cerdo y frijoles, después prepararíamos té helado, y nos sentaríamos en el patio a conversar o a jugar.

Por supuesto, una vez que comencé a hacer los preparativos para la ocasión, todo se me fue rápidamente de las manos. Las salchichas se convirtieron en bistecs, las papas fritas en ensalada de papas, había que limpiar la parrilla, que cortar el pasto, y toda la casa tenía que estar impecablemente preparada para los invitados. Además de todo ese trabajo, las seis personas que originalmente habíamos invitado aumentaron a catorce porque tenía miedo de ofender a alguien que pudiera sentirse excluido.

Así que, de pronto, una simple barbacoa con amigos se convirtió en una pesadilla. Todo porque yo tenía el "síndrome de Marta". Tenía "Marta" escrito por todo el cuerpo. Eso era lo que el Señor quería decir cuando me dijo que no podía disfrutar de la vida porque era demasiado complicada.

Necesitaba aprender a ser más como María y menos como Marta. En lugar de preocuparme y alterarme, ¡necesitaba aprender a simplificar mis planes, distenderme, y gozar de la vida!

3

❦

El brazo de la carne

Así dice el Señor:
"¡Maldito el hombre que confía en el hombre!
¡Maldito el que se apoya en su propia fuerza
y aparta su corazón del Señor!"

Jeremías 17:5 (NVI)

La Biblia habla de dos brazos completamente diferentes: el brazo de la carne y el brazo del Señor. Uno de esos es "asunto nuestro" y el otro es "asunto de Dios"; esto es, uno se basa en ideas y esfuerzo humano, el otro en el plan y poder de Dios. Uno es de la carne, el otro es del Espíritu.

En Juan 3:6, Jesús dijo a Nicodemo: *Lo que es nacido de la carne, carne es; y lo que es nacido del Espíritu, espíritu es. Lo que* comienza en la carne debe ser mantenido en la carne, pero lo que se inicia en el Espíritu es mantenido por el Espíritu. Cuando tratamos de operar con el brazo de la carne terminamos frustrados, pero cuando operamos con el brazo del Señor terminamos victoriosos.

Es difícil llevar a cabo los planes e ideas que nosotros mismos hemos diseñado. Pero cuando Dios empieza algo, lo lleva a término sin que a nosotros nos cueste nada.

Muchas veces cuando enfrentamos luchas, damos por sentado que el diablo nos está causando problemas, ¡y tratamos de reprenderlo! A veces es el diablo quien está tratando de estorbar el plan de Dios para nuestra vida. Pero a menudo el problema no es el diablo sino nosotros mismos. Intentamos cumplir nuestros propios deseos y planes, no la voluntad y el plan de Dios.

La oportunidad trae adversidad

Porque se me ha abierto puerta grande y eficaz, y muchos son los adversarios.

1 Corintios 16:9

Es cierto que siempre que hagamos algo para Dios, el adversario se nos opondrá. Pero debemos recordar que mayor es el que está en nosotros que el que está en el mundo (ver 1 Juan 4:4). De acuerdo con la Palabra de Dios, si actuamos obedeciendo a su voluntad y plan, aunque el enemigo salga contra nosotros por un camino, por siete caminos huirá de delante de nosotros (ver Deuteronomio 28:7).

No deberíamos pasarnos la vida luchando contra el diablo. A veces pasamos más tiempo hablando de Satanás que de Dios.

En su ministerio terrenal, Jesús no dedicó mucho tiempo a pelear contra demonios locales. Cuando Jesús aparecía en escena, huían aterrorizados o los echaba fuera con una palabra. Cuando ministramos en su nombre, tenemos el mismo poder y autoridad que Él tenía. En lugar de agotarnos tratando de luchar contra enemigos espirituales, deberíamos aprender a permanecer firmes en la autoridad que Jesús nos dio.

La mejor manera de vencer al diablo y sus demonios es sencillamente estar firmes en el plan y la voluntad de Dios, operando con el brazo del Señor y no con el brazo de la carne. Santiago 4:7 dice: *Someteos, pues, a Dios; resistid al diablo, y huirá de vosotros.*

¡Mucha gente trata de resistir al diablo sin someterse a Dios! Deberíamos someter nuestra voluntad a la voluntad de Dios.

Sin darnos cuenta, a veces tenemos un problema por codiciar algo que *nosotros* creemos que debería estar en el plan de Dios para nuestra vida. No me refiero al deseo sexual: estoy hablando de codiciar algo que creemos que debemos tener para ser felices. Es posible codiciar algo bueno, incluso algo que Dios mismo quiere que tengamos. En mi caso, hubo un tiempo en el que codiciaba el ministerio.

Tan pronto como empezamos a desear algo tanto que para conseguirlo tomamos la situación en nuestras manos, nos estamos buscando problemas. Se necesita ser maduro para tener paciencia y esperar en el Señor hasta que resuelva las cosas según su perfecta voluntad y tiempo. La gente inmadura se adelanta a Dios y acaba frustrada. No se dan cuenta de que nada va a funcionar bien a menos que provenga de Dios y se lleve a cabo en el Espíritu de acuerdo con el plan y propósito divinos.

Mucha gente se siente frustrada e infeliz simplemente porque está tratando de operar con el brazo de la carne antes que con el brazo del Señor. Pasé muchos, muchos años en esa condición porque trataba de hacer las cosas a mi manera y en mis propias fuerzas. Me había adelantado a Dios, dando a luz a Ismaeles en vez de Isaacs.

¿Ismael o Isaac?

c⊗Ͻ

> Sarai mujer de Abram no le daba hijos; y ella tenía una sierva egipcia, que se llamaba Agar. Dijo entonces Sarai a Abram: Ya ves que Jehová me ha hecho estéril; te ruego, pues, que te llegues a mi sierva; quizá tendré hijos de ella. Y atendió Abram al ruego de Sarai.
>
> GÉNESIS 16:1-2

En Génesis 15:1-5, el Señor vino a Abraham ("Abram" para entonces) y le prometió que lo bendeciría y le daría un heredero de su propia simiente para que sus descendientes fueran tan numerosos como las estrellas en los cielos.

Exactamente un capítulo después, en Génesis 16:1-2, Sara ("Sarai" para entonces) ideó un plan para producir un heredero para Abraham, haciendo que éste tomara a su sierva Agar como su "esposa secundaria" (ver v. 3).

En el capítulo 17, el Señor se apareció a Abraham y una vez más le prometió bendecirlo y hacerlo padre de muchas naciones (ver vv. 1-6). Siguió luego bendiciendo a Sara y prometió darle a Abraham un hijo de ella en su vejez (ver vv. 15-19).

Era a través de este hijo prometido, Isaac, y no a través del hijo natural, Ismael, que el pacto de bendición de Dios se iba a cumplir.

Isaac era el plan y la idea de Dios. Ismael fue el plan y la idea de Sara. Uno era el hijo de la promesa, el hijo del Espíritu; el otro era hijo del esfuerzo humano, el hijo de la carne.

Abraham tuvo que esperar veinte años para que se cumpliera la promesa que Dios le había hecho de que le daría un hijo por medio del cual el Señor cumpliría las promesas del pacto. Cuando por fin nació Isaac, Ismael causó problemas en la casa, por lo que Abraham tuvo que echar a Ismael y a su madre Agar (ver Génesis 21:1-14).

Muchas veces la razón por la cual tenemos problemas es que estamos produciendo Ismaeles en lugar de Isaacs. Estamos cosechando las consecuencias de tratar de realizar nuestros propios planes e ideas en vez de esperar que Dios cumpla sus propias ideas y planes. Cuando las cosas no salen como esperamos, nos enojamos con Dios porque no está haciendo que las cosas resulten como nosotros queremos.

Pero el problema no es de Dios, es nuestro. Olvidamos que lo que nace del Espíritu es espíritu, y que lo que nace de la carne es carne.

El Espíritu contra la carne

❧

El espíritu es el que da vida; la carne para nada aprovecha...

JUAN 6:63

Jesús nos ha dicho que el Espíritu es el importante, no la carne, porque el Espíritu da vida mientras que la carne no aprovecha para nada. El apóstol Pablo fue más allá cuando dijo: *Yo sé que en mí, es decir, en mi naturaleza pecaminosa, nada bueno habita...* (Romanos 7:18 NIV).

Si usted y yo vamos a cumplir la voluntad y el plan de Dios para nosotros en esta vida, la carne –nuestra naturaleza pecaminosa egoísta y rebelde– tiene que morir.

Solemos no darnos cuenta de lo que hay en nuestro interior porque estamos muy enfrascados en la vida exterior. Es de nuestro interior que sale la energía del alma para causarnos todo tipo de problemas en lo exterior.

Pablo atestiguó tener este mismo problema cuando en ese mismo versículo escribió: *Aunque deseo hacer lo bueno, no soy capaz de hacerlo.* En este pasaje describió lo miserable que se sentía al no poder practicar las buenas obras que deseaba hacer, pero sí era capaz de hacer las cosas malas que no quería hacer. En su angustia y frustración, terminó exclamando: *¡Soy un pobre miserable! ¿Quién me librará de este cuerpo mortal?* (v. 24).

Conozco ese sentimiento. Yo solía esforzarme todo el día tratando de hacer lo bueno y luego me iba a la cama frustrada y deprimida porque había vuelto a fallar. Y clamaba al Señor: "Padre, no entiendo. Intenté hacerlo todo el día, Señor. Hice lo mejor que pude –y todo fue en vano".

Mi problema era que estaba operando en el brazo de la carne, y la carne no me daba provecho alguno.

Viví de esa manera años y años. Me levantaba por la mañana lista para "planear mi trabajo y trabajar mi plan". Había determinado hacer crecer mi ministerio. Deseaba tanto que se me abrieran puertas de oportunidades, como le había sucedido a Pablo. Pero me convencí de que, al igual que Pablo, me estaba enfrentando con "adversarios". Los reprendí hasta que mi "reprendedor" se agotó. Los eché fuera hasta el punto en que no debía quedar un solo demonio en toda mi ciudad. Pero las puertas seguían sin abrirse.

Oraba y ayunaba, sola y con otros. Ordenaba que las multitudes vinieran a mis reuniones del norte, el sur, el este y el oeste. Pero nada resultaba. Seguía haciendo reuniones de cincuenta personas en subsuelos o salones de banquetes donde teníamos que recoger patas de cangrejo frito y huesos de pollo de las mesas y del piso antes de poder comenzar nuestros servicios. A veces no había calefacción o el aire acondicionado no funcionaba adecuadamente. Por mucho que me esforzara para que las cosas funcionaran, todo lo que podía fallar fallaba.

Todo eso era un terreno de pruebas, algo por lo que todos debemos pasar. ¿Sabe cuál es el propósito del terreno de pruebas? Enseñarnos a negar la carne y depender del Espíritu, a fin de construir nuestro carácter a medida que atravesamos tiempos difíciles y nos rehusamos a darnos por vencidos.

Si nos hemos comprometido a hacer lo que Dios nos dijo que hiciéramos, tendremos éxito a despecho de nuestros adversarios y sus maquinaciones. Nuestro problema es que en lugar de recibir el plan de Dios y serle obedientes mientras Él lo lleva a cabo, nosotros tratamos de hacer nuestro propio plan y conseguir que Él lo bendiga. Si no lo hace, nos enojamos con Él, nos sentimos confundidos y a menudo nos ponemos muy negativos en nuestras emociones y conversaciones.

Es difícil decir cuánta gente frustrada y deprimida hay en este mundo que básicamente ha dejado de confiar en Dios porque Él no hizo que *su* plan funcionara. Yo he sido una de ellas.

Cierta vez una amiga y yo tramamos una idea para hacer crecer mi ministerio. Decidimos escribir a cada pastor de St. Louis, donde estaba ubicado mi ministerio, informándole que yo tenía un llamado de Dios y un fuerte don de enseñanza.

Íbamos a sugerir a los pastores que me invitaran a sus iglesias a ministrar. Afortunadamente, el Señor lo impidió, y le estoy tan agradecida por eso. Sólo imagine cómo me sentiría ahora si hubiéramos realizado nuestro plan en lugar de esperar a que Dios llevara a cabo el suyo.

Lo que mi amiga y yo estábamos planeando era una obra de la carne. Como suele suceder, estábamos intentando patear puertas y abrirnos nuestro propio camino. En cambio, era necesario que esperáramos en el Señor, creyéramos y confiáramos en Él, y disfrutáramos del lugar adonde estábamos y de lo que estábamos haciendo hasta que Él abriera esas puertas para nosotros.

Como cristianos, todos tenemos una obra para hacer. Nuestra obra es creer, no tramar toda clase de planes y maniobras para tratar de hacer que las cosas pasen. Todo ese tipo de maquinación y manipulación viene de la carne y no aprovecha para nada. Si Dios no está en nuestra obra, será frustrante y deprimente. Debemos aprender a discernir entre lo que Dios realmente nos está guiando a hacer y lo que nosotros estamos "tratando" de hacer.

Por años tuve una tarea –o eso pensaba. Era cambiar a mi esposo Dave. Probé todo lo que estaba a mi alcance para manipularlo, coaccionarlo, presionarlo y forzarlo a hacer lo que yo creía que él debía hacer –que básicamente era dejar los deportes y prestarme más atención a mí y a las cosas que a mí me interesaban.

Estaba convencida de que Dave tenía un problema. Jamás se me ocurrió que podía tenerlo yo. Eso estaba fuera de toda discusión. Ni siquiera se me había cruzado por la cabeza.

Un día mientras estaba orando, dije: "Oh, Señor, ¡*tienes* que cambiar a Dave!"

De pronto la voz del Señor vino a mí diciendo: "Perdóname, Joyce, pero no es Dave el que tiene el problema".

"A ver, Señor, ¿quién es?", ya que sólo éramos dos, Dave y yo. Pensé: ¡*Seguro que no puedo ser yo!* Mi tonto orgullo me había hecho juzgar a Dave mientras estaba ciega a mis propias fallas.

Proverbios 21:2 dice: *Todo camino del hombre es recto ante sus ojos; pero el SEÑOR sondea los corazones* (LBLA). Esto se aplica a todos nosotros. Todos creemos que tenemos razón. Fue una gran revelación para mi vida descubrir que a veces estaba equivocada.

Estaba haciendo un esfuerzo tan duro por cambiar a Dave, a mis hijos, a mí misma, por cambiar todo en nuestras vidas. Estaba tratando de prosperarme, sanarme, hacer crecer mi ministerio, y así sucesivamente. Me estaba desgastando al intentar cambiar todo y a todos, y sintiéndome miserable al respecto. Oraba constantemente tratando de hacer que Dios bendijera mis planes y esfuerzos y que los prosperara. Lo que estaba haciendo era lo que habían hecho los gálatas de los tiempos de Pablo: estaba intentando vivir según la carne, por obras más que por el Espíritu.

LOS DOS PACTOS

Porque está escrito que Abraham tuvo dos hijos; uno de la esclava, el otro de la libre. Pero el de la esclava nació según la carne; mas el de la libre, por la promesa. Lo cual es una alegoría, pues estas mujeres son los dos pactos; el uno proviene del monte Sinaí, el cual da hijos para esclavitud; éste es Agar. Porque Agar es el monte Sinaí en Arabia, y corresponde a la Jerusalén actual, pues ésta, junto con sus hijos, está en esclavitud. Mas la Jerusalén de arriba, la cual es madre de todos nosotros, es libre.

GÁLATAS 4:22-26

La Biblia nos habla de dos pactos. Los conocemos como el antiguo pacto y el nuevo pacto, pero podríamos llamarlos el pacto de las obras y el pacto de la gracia.

El primero se basa en que el hombre hace todo por sí mismo, lucha, se esfuerza y trabaja para ser aceptable a Dios. Esa clase de pacto roba el gozo y la paz. Ésa es la clase de pacto al que los gálatas estaban tratando de volver, y Pablo tuvo que escribirles para recordarles la futilidad de tratar de vivir según sus obras antes que por la gracia de Dios (ver Gálatas 3:1-7).

El segundo pacto, el de la gracia, no se basa en lo que el hombre puede hacer, sino en lo que Cristo ya hizo. Bajo este pacto, somos justificados no por nuestras obras o justicia, sino por nuestra fe y confianza en Cristo. Esto nos quita de encima la presión de alcanzar ciertos resultados. Podemos abandonar los esfuerzos externos y permitir que Dios obre a través de nosotros por el poder de su Espíritu Santo que mora en nosotros.

Un pacto trae esclavitud; el otro trae libertad. Bajo uno damos origen a cosas de la carne, porque lo que nace de la carne es carne. Bajo el otro permitimos que Dios dé origen a cosas del Espíritu, porque lo que nace del Espíritu es espíritu.

Como vimos en la introducción, Romanos 15:13 nos dice que los que creen están llenos de esperanza, gozo y paz. El problema es que hoy, como en los días de Pablo, mucha gente de la iglesia no cree. Está tratando de vivir por sus obras antes que por la gracia de Dios. Por lo tanto, no tiene esperanza, paz ni gozo.

Como vimos, la Palabra de Dios nos ha prometido que si operamos con una fe simple como la de un niño, rebosaremos de gozo. Y también veremos muchos más resultados positivos en nuestras vidas.

¡REGOCÍJESE!

Porque está escrito: Regocíjate, oh estéril, tú que no das a luz; prorrumpe en júbilo y clama, tú que no tienes dolores de parto; porque más son los hijos de la desolada, que de la que tiene marido.

GÁLATAS 4:27

Después de describir la diferencia entre los dos pactos representados por las dos mujeres, Agar y Sara, Pablo continúa y dice a la mujer estéril: "¡Regocíjate!"

Durante años leí este versículo preguntándome a qué se refería Pablo. Fue sólo más tarde que descubrí que Gálatas 4:27 era una referencia cruzada de Isaías 54:1, que dice básicamente lo mismo. Quienes no trabajan para producir sus propios resultados sino que dependen totalmente de la gracia de Dios van a disfrutar de más resultados que quienes se desgastan tratando de lograrlos por sus propios esfuerzos.

La Iglesia no está viendo hoy los resultados que deseamos, porque el pueblo de Dios está tratando de hacer con el brazo de la carne lo que solamente se puede lograr con el brazo del Señor.

En lugar de confiar en el brazo de la carne, es de esperar que los creyentes estemos confiando en el brazo del Señor.

Como la mujer estéril de este pasaje de la Escritura, en vez de entristecernos se supone que debemos regocijarnos.

¿Por qué debería regocijarse una mujer estéril? Porque los autores de estos pasajes están hablando de hijos espirituales, no naturales. La mujer estéril es estéril de sus propias obras. Ha dejado de intentar dar a luz en la forma natural. En cambio, ha aprendido a poner su fe y confianza en Dios para dar a luz espiritualmente. Ha cesado su labor y ha entrado en el reposo de Dios.

Cuando leemos en Hebreos 4:10, quienes han entrado en el reposo de Dios han dejado todo su trabajo y esfuerzos —el cansancio y el dolor de dar a luz cosas de forma natural— y simplemente están descansando, esperando que el Señor haga por ellos lo que no pueden hacer por sí mismos. Como consecuencia, acaban teniendo más hijos —disfrutando de más y mejores resultados— que quienes tratan de producirlos por sus propias obras.

La frustración de las obras

❦

En lo cual vosotros os alegráis, aunque ahora por un poco de tiempo, si es necesario, tengáis que ser afligidos en diversas pruebas, para que sometida a prueba vuestra fe, mucho más preciosa que el oro, el cual aunque perecedero se prueba con fuego sea hallada en alabanza, gloria y honra cuando sea manifestado Jesucristo, a quien amáis sin haberle visto, en quien creyendo, aunque ahora no lo veáis, os alegráis con gozo inefable y glorioso.

1 Pedro 1:6-8

No creo que nos falte el gozo porque tengamos problemas. La Biblia dice que podemos tener un gozo indescriptible, glorioso, triunfante y celestial incluso en medio de nuestras pruebas y tentaciones.

Si no estamos experimentando esa clase de "gozo inefable", debemos preguntarnos por qué. En mi propia vida, no empecé a experimentar un sentido de gozo a despecho de mis circunstancias externas hasta que descubrí y aprendí el verdadero significado del segundo pacto.

Las bendiciones de ese pacto estaban disponibles para mí, como para todos los creyentes. Pero algo puede estar a nuestra disposición y sin embargo no resultarnos de beneficio alguno porque nunca lo aprovechamos. Mientras vivamos ignorando o descuidando las bendiciones que son nuestras bajo el pacto de la gracia, viviremos en la frustración de las obras.

En realidad, eso es lo que el Señor me dijo: "La frustración equivale a las obras de la carne". En otras palabras, sólo nos beneficiamos de las bendiciones del pacto de la gracia si vivimos bajo la gracia. Mientras sigamos viviendo bajo las obras, estaremos frustrados y deprimidos porque estaremos tratando de hacer la tarea de Dios.

Dios nos ha dado a su Espíritu Santo para ser nuestro Ayudador en la vida (ver Juan 16:7). Pero la gente independiente y obstinada no quiere ninguna ayuda. Quieren hacer todo por sí mismos. Si piden algún tipo de ayuda, es sólo porque agotaron todas y cada una de las vías de autoayuda y llegaron a la inevitable conclusión de que en realidad no pueden hacerlo solos.

Yo era de esa forma. Me preocupaba e inquietaba y quedaba agotada por cosas simples como abrir un tarro de mayonesa antes de darme totalmente por vencida y pedir a Dave que viniera a la cocina y me lo abriera. ¿Qué me hacía actuar de esa manera? Pura terquedad, y orgullo. Quería demostrar que no necesitaba ayuda de nadie, que podía hacer todo sola. Pero no podía, y eso me frustraba.

La forma de recibir ayuda –y evitar la frustración de las obras– es simplemente pidiéndola. Pero sólo los que son humildes entre nosotros harán eso, porque pedir ayuda es reconocer que no somos capaces de hacerlo todo por nosotros mismos.

Orgullo contra humildad

⌒◈⌒

> Igualmente, jóvenes, estad sujetos a los ancianos; y todos, sumisos unos a otros, revestíos de humildad; porque: Dios resiste a los soberbios, y da gracia a los humildes. Humillaos, pues, bajo la poderosa mano de Dios, para que él os exalte cuando fuere tiempo; echando toda vuestra ansiedad sobre él, porque él tiene cuidado de vosotros.
>
> 1 Pedro 5:5-7

En este pasaje podemos ver cuán importante es la humildad para Dios. Si estamos llenos de orgullo y haciendo las cosas a nuestra manera sin escucharlo a Él, acabaremos enredados en situaciones que tendrán como resultado ansiedad y estrés.

Las razones de Dios para pedirnos que hagamos las cosas de la forma en que Él nos pide, no son para quitarnos algo. Está tratando de prepararnos para una bendición. O quizás está tratando de protegernos de algo que desconocemos. Siempre debemos estar alerta contra el orgullo, porque nos impedirá experimentar paz y gozo en esta vida.

Una vez después de una de las reuniones en que enseñaba sobre este tema, se me acercó una señora y me dijo: "Estoy buscando una de sus enseñanzas grabadas, pero no la veo en la mesa de los casetes".

"¿Cuál es?" le pregunté.

"El de cambiar el orgullo por la humildad", respondió.

"No solemos traerlo con nosotros", le dije, "porque no tiene mucha demanda. Los que son humildes no lo necesitan, y quienes lo necesitan son demasiado orgullosos para llevarlo".

Esto sería divertido, si no fuera tan cierto.

Santiago nos dice que Dios nos da más y más gracia –poder del Espíritu Santo– para vencer todas nuestras tendencias pecaminosas. En el mismo versículo continúa diciendo exactamente lo mismo que Pedro dijo en su primera carta a los creyentes: *...Dios resiste a los soberbios, y da gracia a los humildes* (Santiago 4:6).

Santiago después nos insta, como lo hizo Pedro: *Humillaos delante del Señor, y él os exaltará* (v. 10).

Recibimos la gracia de Dios al humillarnos ante Él, echando todas nuestras cargas sobre Él, y confiando en que Él se hará cargo de ellas como prometió en su Palabra.

La gente orgullosa no hace eso, porque cree que puede manejar todo por sí misma. Sólo los humildes lo harán, porque saben que no pueden encargarse de todo: solamente Dios puede.

EL SEÑOR EDIFICA LA CASA

Si el Señor no edifica la casa, en vano trabajan los que la edifican; si el Señor no guarda la ciudad, en vano vela la guardia. Es en vano que os levantéis de madrugada, que os acostéis tarde, que comáis el pan de afanosa labor, pues Él da a su amado *aun mientras* duerme.

SALMO 127:1-2 (LBLA)

¿Qué deberíamos dejar que Dios edifique en nuestras vidas? Lo primero que debemos dejarle edificar es *a nosotros*.

En Mateo 16:18, Jesús dijo que Él edificaría su Iglesia. En 1 Corintios 3:9, Pablo nos dice que nosotros somos esa Iglesia: *...vosotros sois labranza de Dios, edificio de Dios.*

Nosotros somos el edificio, y Jesús es la piedra angular (ver Efesios 2:20). Estamos siendo edificados, de a un ladrillo a la vez, día por día, de gloria en gloria.

¿Pero *cómo* somos edificados? La respuesta la encontramos en la carta de Pablo a los gálatas que necesitaban que se les recordara la diferencia entre obras y fe.

COMENZAR POR FE, TERMINAR POR FE

¿Tan necios sois? ¿Habiendo comenzado por el Espíritu, ahora vais a acabar por la carne? ¿Tantas cosas habéis padecido en vano?, si es que realmente fue en vano. Aquel, pues, que os suministra el Espíritu, y hace maravillas entre vosotros, ¿lo hace por las obras de la ley, o por el oír con fe?

GÁLATAS 3:3-5

Debemos preguntarnos a nosotros mismos lo que Pablo les preguntaba a los "tontos", "necios" e "insensatos" gálatas: habiendo comenzado nuestra nueva vida en Cristo dependiendo del Espíritu, ¿ahora estamos tratando de vivirla en la carne?

Así como fuimos salvos por gracia (favor inmerecido de Dios) por medio de la fe, y no por obras de la carne (ver Efesios 2:8-9), también necesitamos aprender a vivir por gracia (favor inmerecido de Dios) por medio de la fe, y no por obras de la carne.

Cuando fuimos salvos, no estábamos en condiciones de ayudarnos a nosotros mismos. ¿En qué clase de condición estamos ahora que hemos sido salvos por gracia por la fe en la obra consumada de Jesucristo? ¡Seguimos sin estar en condiciones de ayudarnos a nosotros mismos! Entonces, ¿por qué seguimos tratando de hacer que sucedan cosas que nunca van a suceder?

La única forma en que vamos a ser... *edificados como casa espiritual y sacerdocio santo, para ofrecer sacrificios espirituales aceptables a Dios por medio de Jesucristo* (1 Pedro 2:5) es sometiéndonos a Dios y permitiéndole hacer la obra que debe ser hecha en nosotros.

La carne no aprovecha para nada. Solamente el Espíritu puede hacer que crezcamos hacia la perfección de Cristo.

¿Tiene interés en ser perfeccionado?

A fin de perfeccionar a los santos para la obra del ministerio, para la edificación del cuerpo de Cristo, hasta que todos lleguemos a la unidad de la fe y del conocimiento del Hijo de Dios, a un varón perfecto, a la medida de la estatura de la plenitud de Cristo.

EFESIOS 4:12-13

¿Tiene interés en ser perfeccionado? Yo sí. Yo quiero crecer en el Señor. Quiero madurar y ser como Cristo en mi actitud y conducta. Como Pablo, quiero conocer a Jesús y el poder de su resurrección (ver Filipenses 3:10). Quiero alcanzar la medida de su estatura y operar en el fruto de su Espíritu (ver Gálatas 5:22-23).

Pero no puedo hacer todo eso por mí misma. No puedo transformarme a mí misma de lo que soy en lo que quiero ser. Todo lo que puedo hacer es estar *dispuesta* a ser cambiada y someterme humildemente al Señor, permitiéndole que me edifique para llegar a ser la persona que Él quiere que sea. Y la única manera de que eso suceda es por medio de la fe.

¿Qué es la fe?

Habiendo oído de vuestra fe en Cristo Jesús, y del amor que tenéis a todos los santos...

COLOSENSES 1:4

De acuerdo con este versículo, la fe es apoyar toda la personalidad humana en Dios con absoluta confianza y seguridad de su poder, sabiduría y bondad.

Esto significa que debemos apoyar la totalidad de lo que somos en Dios, creyendo que sólo Él tiene la capacidad de hacer lo que es necesario que se haga en nosotros. Nuestra única tarea es permanecer en Él, apoyarnos totalmente en Él y poner nuestra confianza y seguridad en Él.

Cuando el Espíritu Santo nos convence de nuestros pecados, ¿qué hacemos? Lo primero que hacemos es confesarlos. Nos ponemos de acuerdo con Dios acerca de ello. Lo segundo que hacemos es reconocer nuestra incapacidad para hacer algo respecto de nuestros pecados. Cuanto más tratamos de cambiarnos a nosotros mismos, peor nos ponemos.

Entonces, ¿qué debemos hacer para cumplir la obra de Dios? La respuesta la encontramos en Juan 6:28-29 cuando los discípulos vinieron a Jesús y le hicieron la misma pregunta:

> Entonces le dijeron: ¿Qué debemos hacer para poner en práctica las obras de Dios? Respondió Jesús y les dijo: Esta es la obra de Dios, que creáis en el que él ha enviado.
>
> JUAN 6:28-29

NUESTRA OBRA ES CREER

La obra que Dios requiere de nosotros es *creer*, y creer requiere que seamos fieles a, que confiemos en, que descansemos sobre y que tengamos fe en Él y en su Hijo Jesucristo. Si verdaderamente tenemos fe en Dios, si realmente apoyamos nuestra personalidad entera en Él con absoluta confianza y seguridad de su poder, sabiduría y bondad, no estaremos ansiosos o preocupados. Dejaremos de intentar edificarnos a nosotros mismos y permitiremos que Él nos edifique y nos equipe.

EL MAESTRO CONSTRUCTOR

> Porque toda casa es hecha por alguno; pero el que hizo todas las cosas es Dios.
>
> HEBREOS 3:4

Dios es el Maestro Constructor. Jesús es la Piedra Angular. Dios es el Único que nos edifica y nos equipa para la obra del Señor Jesucristo.

En Filipenses 1:6, el apóstol Pablo escribe para asegurarnos: ...*Dios, que comenzó en ustedes la buena obra, les seguirá ayudando a crecer en su gracia hasta que la obra que realiza en ustedes quede completa en el día en que Jesucristo regrese* (LBAD). Lo que nos estaba diciendo es simplemente esto: "¡Fue Dios quien comenzó esta obra en ustedes, y es Dios quien la completará!"

Esto significa que deberíamos dejar a Dios que haga su trabajo. No debemos meternos en sus asuntos sino ocuparnos de los nuestros. Hay ciertas cosas que solamente Dios puede hacer. Nosotros debemos hacer nuestra parte y dejar que Él haga la suya. Debemos encargarnos de nuestra responsabilidad pero echar nuestra preocupación sobre Él.

Debemos confesar nuestros pecados y fallas al Señor, seguros de que Él nos perdonará y nos limpiará de toda injusticia, como prometió en su Palabra (ver 1 Juan 1:9). Debemos confiarle la tarea de perfeccionarnos para la obra que Él tiene para nosotros en esta vida. Eso nos saca de encima la presión, liberándonos de la preocupación y ansiedad que solemos sentir cuando tratamos de perfeccionarnos a nosotros mismos.

APÁRTESE Y DÉJELO A DIOS

Absteneos de toda especie de mal. Y el mismo Dios de paz os santifique por completo; y todo vuestro ser, espíritu, alma y cuerpo, sea guardado irreprensible para la venida de nuestro Señor Jesucristo. Fiel es el que os llama, el cual también lo hará.

1 TESALONICENSES 5:22-24

Aquí están las instrucciones de Dios para encontrar paz y gozo: apartarse de la conducta equivocada y permitir que el mismo Señor de paz nos santifique, nos preserve, nos complete, nos consagre y nos guarde.

Estos versículos son el llamado que Dios nos hace a una determinada clase de vida santa. También son nuestra garantía de que no somos nosotros quienes producimos esta vida santa, sino Dios mismo, en quien podemos confiar absolutamente para que haga la obra en nosotros y por nosotros.

¿Cuál es nuestra parte, entonces? ¿Cuál es la obra que nosotros debemos hacer? ¿Qué requiere Dios de nosotros? Nuestra parte es *creer*. Nuestra obra es confiar en el Señor. Su requerimiento es que nos apartemos y lo dejemos a Él.

DEJE QUE DIOS EDIFIQUE

Y ahora, hermanos, os encomiendo a Dios, y a la palabra de su gracia, que tiene poder para sobreedificaros y daros herencia con todos los santificados.

HECHOS 20:32

Dios, el Maestro Constructor, ha prometido edificarnos si le permitimos que lo haga. ¿Qué áreas de nuestras vidas necesitamos dejar que Él edifique?

La primera área, que ya hemos discutido, somos nosotros mismos. La segunda, que en realidad es una parte de la primera, es nuestro ministerio. La tercera y última es nuestra reputación.

Dios y nuestra reputación

Pues, ¿busco ahora el favor de los hombres, o el de Dios? ¿O trato de agradar a los hombres? Pues si todavía agradara a los hombres, no sería siervo de Cristo.

GÁLATAS 1:10

El apóstol Pablo dijo que en su ministerio tenía que elegir entre agradar a los hombres y agradar a Dios. Es una elección que cada uno de nosotros debe hacer.

En Filipenses 2:7 (NVI) leemos que Jesús se rebajó voluntariamente. Nuestro Señor no tenía el objetivo de hacerse un nombre, y tampoco deberíamos hacerlo nosotros.

El Señor una vez me ordenó: "Di a mi pueblo que deje de intentar construir su propia reputación, y que me dejen hacerlo por ellos". Si nuestra meta es hacernos un nombre por nosotros mismos, esto nos llevará a vivir en el temor del hombre antes que en el temor de Dios. Trataremos de ganarnos el favor de la gente antes que el del Señor.

Durante años intenté construir mi propia reputación entre los creyentes tratando de ganarme el favor de los hombres. Manipulaba y maniobraba y jugaba todos los juegos carnales para hacerme amiga del grupo correcto de gente de la iglesia. A través de experiencias amargas, aprendí que si vamos a ser verdaderamente libres en el Señor, debemos hacer lo mismo que Pablo nos dice en Gálatas 5:1: *Estad, pues, firmes en la libertad con que Cristo nos hizo libres, y no estéis otra vez sujetos al yugo de esclavitud.*

No hay nada que el diablo use más para mantener a la gente apartada de la voluntad de Dios que el temor al rechazo. En mi caso, cuando me comprometí por completo a seguir la voluntad de Dios para mi vida, muchas de mis antiguas amistades me abandonaron y algunos incluso se volvieron contra mí. Al igual que Pablo, pronto aprendí que tenía que elegir entre agradar a la gente y agradar a Dios. Si hubiera elegido ser popular entre la gente, no estaría en el lugar de ministerio que hoy ocupo.

Los seguidores de Jesús se han enfrentado a esta misma elección desde el comienzo. En Juan 12:42-43 leemos:

> Con todo eso, aun de los gobernantes, muchos creyeron en él; pero a causa de los fariseos no lo confesaban, para no ser expulsados de la sinagoga. Porque amaban más la gloria de los hombres que la gloria de Dios.

Hoy usted y yo nos enfrentamos a una decisión. ¿Vamos a seguir tratando de edificarnos a nosotros mismos, a nuestros ministerios y nuestra reputación, o estamos dispuestos a abandonar todos nuestros esfuerzos humanos y simplemente confiar en Dios? ¿Estamos listos para dejar de operar con el brazo de la carne y empezar a operar con el brazo del Señor?

4

⌇⌇

EL BRAZO DEL SEÑOR

¿Y a quién se ha revelado el brazo del Señor?

JUAN 12:38

El brazo del Señor contrasta directamente con el brazo de la carne, tal como analizamos anteriormente. Mientras el brazo de la carne se basa en el pacto de las obras, el brazo del Señor se basa en el pacto de la gracia. El primero depende de la ley, el segundo depende de la fe.

Bajo el primer pacto, nos agotamos tratando de hacer que las cosas sucedan por nuestras propias fuerzas. Bajo el segundo pacto, entramos en el reposo de Dios y dependemos de Él para que haga por nosotros lo que no podemos hacer por nosotros mismos. Para cumplir el primer pacto debemos estar llenos de fervor carnal. Para cumplir el segundo pacto debemos estar llenos de Dios.

En Romanos 12:1 se nos dice que presentemos nuestros cuerpos como un sacrificio vivo, santo y agradable a Dios, que es nuestro culto racional y nuestra adoración espiritual. El Señor me reveló que para ser llenos de su Espíritu Santo y agradables a Dios, debemos estar: 1) dispuestos; 2) rendidos; y 3) vacíos. Debemos estar dispuestos a que Dios nos use como Él quiera. Debemos estar dispuestos a seguir sus planes más que los nuestros. Debemos estar vacíos de nosotros mismos.

Para ser agradables a Dios, debemos renunciar a todos nuestros esfuerzos humanos para edificarnos a nosotros mismos, a nuestros ministerios, y nuestras carreras y permitir que el Señor los edifique según su voluntad y plan para nosotros. Debemos aprender a estar satisfechos donde estamos y con lo que estamos haciendo. Debemos hacer a un lado la preocupación y la inquietud y simplemente dejar que el Señor haga en nosotros y a través de nosotros la obra que Él sabe que es necesario hacer.

Para ser agradables a Dios, debemos dejar de mirar al brazo de la carne y empezar a poner nuestros ojos en el brazo del Señor.

PERO DIOS... ESTABA CON ÉL

Los patriarcas, movidos por envidia, vendieron a José para Egipto; *pero Dios* estaba con él.

HECHOS 7:9 (ÉNFASIS DE LA AUTORA)

Cuando era muchacho, José tuvo un sueño en el cual se vio a sí mismo siendo honrado por todos los miembros de su familia. El error que cometió fue contar ese sueño, porque fue una de las cosas que hicieron que sus hermanos lo aborrecieran, le tuvieran envidia y se enojaran tanto que intentaron deshacerse de él vendiéndolo como esclavo.

José era un poco demasiado exuberante. Es por eso que Dios tuvo que pasar algunos años trabajando en su vida antes de poder usarlo para cumplir su plan de bendecirlos a él y a su familia, y a muchos, muchos otros.

A menudo, somos como el joven José. Cometemos el mismo error que él. Cuando Dios nos revela su sueño y visión para nuestra vida, lo compartimos con otros que no están tan contentos como nosotros al respecto y que quizás hasta nos causen problemas, como le sucedió a José con sus hermanos. Como resultado de la acción precipitada de José y sus hermanos, el joven acabó solo en la celda de una prisión egipcia lejos de su hogar y familia y sin nadie a quien recurrir más que el Señor.

Si usted y yo vamos a disfrutar de la plenitud de Dios en nuestras vidas, debemos atravesar periodos en los que estaremos solos. A veces eso es bueno para nosotros porque nos complicamos demasiado con la gente. A veces debemos quedarnos sin nadie para aprender a depender únicamente del Señor. Al igual que José, despojados de todas las cosas y personas en las que nos apoyábamos, estaremos forzados a poner toda nuestra fe y confianza en Dios. El Señor quiere que estemos arraigados y cimentados en Él, capaces de mantenernos firmes solos, con Él que nos sostiene.

Cuando Dios me llamó a dejar mi trabajo en St. Louis para dedicarme al ministerio a tiempo completo, tuve que pasar momentos duros y solitarios. Me encontré a mí misma en las rutas, en un ministerio itinerante y persiguiendo un sueño y una visión que aún no había probado realmente que era de Dios. Aquellos fueron años difíciles. Pasé momentos tan duros y solitarios que clamé al Señor, pidiéndole que me diera grupos de gente que me apoyaran en lo que estaba tratando de hacer para Él.

En mi soledad, oraba: "Señor, tengo que tener a alguien con quien hablar. No tengo a nadie".

"Me tienes a mí", me decía. "Háblame a mí".

"Pero, Señor", clamaba yo, "no sé cómo hacer esto. Necesito estar rodeada de gente a la que pueda consultar".

Pero el Señor no quería que hablara con nadie sobre lo que me había dicho que tenía que hacer. Él quería que buscara su dirección y guía, no las opiniones y consejos de otras personas. Como en el caso de José, Dios quería que dependiera del brazo del Señor y no del brazo de la carne. No está mal buscar consejo de otros alguna vez, pero en mi caso yo sentía tanta inseguridad y temor al rechazo, que hubiera seguido el consejo de la gente en lugar de buscar la dirección de Dios.

Dios no quiere que seamos un clon de nadie. Desea que seamos únicos y creativos. Él está buscando algo nuevo y fresco en nosotros. Quiere que operemos en su Espíritu.

Una de las cosas que Dios me enseñó durante este periodo tan duro y solitario de mi vida es la diferencia entre muchos tipos de pájaros y las águilas. La mayoría de los pájaros vuelan en bandadas, pero las águilas vuelan solas. Cada uno de nosotros debe decidir si quiere volar como uno de los muchos pájaros de una bandada o ser un águila. Si queremos ser un águila, debemos aprender a volar solos.

Hubo muchos momentos en los que José tuvo que volar solo. Tuvo que enfrentar tiempos duros y de gran soledad en su vida, especialmente durante el periodo que pasó en la cárcel en un país extranjero. Pero a pesar de toda la adversidad que vino contra él, observe lo que la Escritura dice respecto de su situación: José fue vendido como esclavo por sus propios hermanos, *pero Dios* estaba con él. Esa frase "pero Dios" aparece varias veces en esta historia, como veremos más adelante.

EN SUS NEGOCIOS, DIOS LIBRA

Y [Dios] le libró de todas sus tribulaciones, y le dio gracia y sabiduría delante de Faraón rey de Egipto, el cual lo puso por gobernador sobre Egipto y sobre toda su casa.

HECHOS 7:10 (NOTA ACLARATORIA)

Dios construyó la reputación y carrera de José. Lo puso en el lugar apropiado en el momento justo. Le dio favor ante la gente adecuada y lo enalteció cuando fue el momento exacto, así como lo hará con nosotros: *Porque ni de oriente ni de occidente, ni del desierto viene el enaltecimiento* (Salmo 75:6).

Usted y yo no tenemos que depender del brazo de la carne en nuestros esfuerzos para vencer la adversidad y la oposición y ganar favor y promoción. Cuando Dios esté listo para moverse en nuestras vidas, Él nos *dará* ese favor y promoción –y no habrá demonio ni persona en la tierra que pueda impedir que suceda: *Si Dios es por nosotros, ¿quién contra nosotros?* (Romanos 8:31).

No importa lo que la gente piense de nosotros. Nuestras debilidades e incapacidades no cambian nada para Dios. Su criterio para usar a la gente no son sus talentos, dones y capacidades. Él está buscando gente que esté dispuesta, rendida y vacía.

Deje que Dios lo edifique a usted, a su ministerio, a su reputación y su carrera. Cuando sea el tiempo apropiado, Él lo librará así como libró a José. Entonces verá el cumplimiento de su sueño, como José lo vio.

Pero Dios... lo encaminó para bien

⚜

Vinieron también sus hermanos y se postraron delante de él, y dijeron: Henos aquí por siervos tuyos. Y les respondió José: No temáis; ¿acaso estoy yo en lugar de Dios? Vosotros pensasteis mal contra mí, mas Dios lo encaminó a bien, para hacer lo que vemos hoy, para mantener en vida a mucho pueblo.

GÉNESIS 50:18-20

Sea lo que fuere que nos haya sucedido en el pasado, no tiene por qué dictar nuestro futuro. Sea lo que fuere lo que la gente pueda haber intentado hacernos, Dios puede tomarlo y cambiarlo para bien: *Ahora bien, sabemos que Dios dispone todas las cosas para el bien de quienes lo aman, los que han sido llamados de acuerdo con su propósito* (Romanos 8:28 NVI).

Los hermanos de José quisieron hacerle daño, *pero Dios* quiso su bien. Ellos tramaron un plan para destruirlo vendiéndolo como esclavo a Egipto. Pero al final José se convirtió en el segundo de Faraón y fue el instrumento que Dios usó para salvar a su propia familia y a muchos otros miles de personas. Ése es un buen ejemplo de cómo el brazo del Señor triunfa sobre el brazo de la carne.

A veces nos olvidamos de lo grande que es nuestro Dios. A través de todo lo que le pasó, José mantuvo sus ojos en Dios. No se sentó a quejarse, ni a rezongar ni autocompadecerse. A pesar de lo que otros –hasta sus propios hermanos– le hicieron, no se dejó invadir por la amargura, el resentimiento o la falta de perdón. Sabía que no importaba quién estuviera contra él, porque Dios estaba con él y a la larga iba a hacer que todo resultara para el bien de todos los involucrados.

José sabía que, pasara lo que pasara, Dios estaba de su lado. Él dejó que Dios edificara su vida, su reputación y su carrera. Eso es lo que usted y yo debemos hacer. No debemos poner confianza alguna en el brazo de la carne, sino antes bien confiarnos completamente al brazo del Señor.

No confíe en la carne

❧

Voz que decía: Da voces. Y yo respondí: ¿Qué tengo que decir a voces? Que toda carne es hierba, y toda su gloria como flor del campo. La hierba se seca, y la flor se marchita, porque el viento de Jehová sopló en ella; ciertamente como hierba es el pueblo. Sécase la hierba, marchítase la flor; mas la palabra del Dios nuestro permanece para siempre.
ISAÍAS 40:6-8

Cuando empecé a seguir el llamado de Dios al ministerio, hubo mucha gente que me dijo que no podía hacerlo, por una variedad de razones. Las dos principales eran: 1) yo era mujer; y 2) no tenía la personalidad para ser ministro del evangelio.

Pero Dios quería usarme a mí, una mujer, y cambió mi personalidad.

Esas personas estaban equivocadas al creer que yo no era capaz de cumplir la función de un ministro porque era mujer, pero sí tenían razón al pensar que no tenía la clase de personalidad necesaria para ministrar. No era una persona muy agradable. Era áspera, dura, grosera, descortés, gritona y autoritaria, rebelde y obstinada. *Pero Dios* obró en mí y comenzó a cambiarme. Él hará lo mismo con usted, si pone sus ojos en Él y no en usted mismo.

NO CONFÍE EN LA CARNE

Porque la circuncisión somos nosotros, los que por medio del Espíritu de Dios adoramos, nos enorgullecemos en Cristo Jesús, y no ponemos nuestra confianza en esfuerzos humanos.

FILIPENSES 3:3 (NVI)

Usted y yo vamos a apoyarnos o en el brazo de la carne o en el brazo del Señor. O pasaremos nuestras vidas tratando de cuidar de nosotros mismos o nos haremos a un lado y dejaremos que sea Dios quien cuide de nosotros mientras ponemos nuestra fe y confianza en Él.

A través de Isaías el profeta, el Señor nos ha dicho que no confiemos en la carne, porque toda carne es frágil como la hierba. Al igual que las flores el campo, hoy está aquí y mañana ya no.

No podemos tener confianza alguna en la carne. Apartados del Señor, no podemos hacer nada. Debemos humillarnos bajo su poderosa mano y esperar que Él nos exalte cuando sea su tiempo.

RECONOZCA A DIOS

Reconócelo en todos tus caminos, y él enderezará tus veredas.

PROVERBIOS 3:6

¿Sabe lo que significa reconocer al Señor en todos nuestros caminos? Significa someterle todos nuestros planes a Él para que haga según su voluntad y deseo para nosotros. Y lo que quiere para nosotros es que lleguemos a conocerlo en el poder de su resurrección y contemplarlo en toda su hermosura y belleza (ver Filipenses 3:10).

Es necesario que busquemos una cosa, y solamente una, y ésa es habitar en su presencia, porque sólo allí podemos experimentar plenitud de gozo (ver Salmo 27:4; 16:11). Es una señal de madurez buscar a Dios por quien Él es, no solamente por lo que puede hacer por nosotros.

Si mi esposo regresara a casa de un largo viaje, iría a buscarlo al aeropuerto emocionada de verlo a *él*. Porque él es importante para mí, se deleita en darme cosas para mostrarme su amor. Sin embargo, si fuera a buscarlo al aeropuerto emocionada, no por su llegada, sino por saber que *regalo* me ha traído, podría sentirse herido y ofendido.

Descubrí que cuando busco el rostro de Dios (su presencia) para llegar a conocer mejor a nuestro maravilloso y amante Padre celestial, su mano siempre está abierta para mí.

Como hijos suyos, Dios está esperando que crezcamos en todas las cosas conforme a la estatura de su Hijo Jesucristo (ver Efesios 4:13). Los bebés lloran cada vez que no les dan lo que quieren, pero los adultos no.

La Biblia enseña que un niño debería ser criado en la instrucción y admonición del Señor, prometiendo que si se lo instruye en el camino que debe seguir, no se apartará de él (ver Efesios 6:4; Proverbios 22:6). Dios nos está instruyendo a nosotros, sus hijos, en el camino que debemos seguir —no en el camino que nosotros *queremos* seguir, sino el que *debemos* seguir.

¡El Señor conoce el mejor plan!

¡Vamos ahora! los que decís: Hoy y mañana iremos a tal ciudad, y estaremos allá un año, y traficaremos, y ganaremos; cuando no sabéis lo que será mañana. Porque ¿qué es vuestra vida? Ciertamente es neblina que se aparece por un poco de tiempo, y luego se desvanece. En lugar de lo cual deberíais decir: Si el Señor quiere, viviremos y haremos esto o aquello.

Santiago 4:13-15

Me llevó mucho tiempo aprender a querer lo que Dios quiere más que lo que yo quiero. Ahora deseo la voluntad de Dios más que mi propia voluntad. Sé que si quiero algo y Dios dice no, puede lastimar mis sentimientos y ser difícil de aceptar, pero en definitiva será mejor para mí.

Una vez estaba sentada en mi carrito de golf con mi esposo Dave haciendo planes para nuestras próximas vacaciones. La estábamos pasando tan bien que yo ya estaba planeando nuestro regreso a ese lugar para el año siguiente. De pronto, el Señor me habló las palabras de Santiago 4:13-15. Ni siquiera sabía que estaban en la Biblia hasta que las busqué.

El Señor no me estaba diciendo que no debía planear para el futuro. Me estaba diciendo que no me adelantara por mi propia cuenta o que no tuviera un alto concepto de mí y de mis planes. Me estaba haciendo saber que todas mis brillantes ideas no valen dos centavos; son su voluntad y propósito los que realmente importan. Eso es lo que debería haber estado buscando, no mis propios deseos y necesidades. Tenía que aprender que la carne no aprovecha para nada. Con frecuencia, hacemos nuestros propios planes y esperamos que Dios los bendiga. Yo le estaba mostrando falta de respeto al no reconocerlo a Él en mis planes.

Mi problema era que tenía un espíritu altivo. En Proverbios 16:18 se nos advierte: *Antes del quebrantamiento es la soberbia, y antes de la caída la altivez de espíritu.* La clave para la vida abundante, gozosa, y tranquila que Jesús nos dio mediante su muerte es la humildad. Debemos aprender a humillarnos bajo la poderosa mano de Dios para que Él nos exalte en el debido tiempo. Una forma de humillarnos es esperar en el Señor, rehusarnos a movernos en la energía de la carne. Necesitamos aprender a vivir un día por vez, contentándonos con el lugar donde estamos y con lo que tenemos hasta que el Señor nos lleve hacia algo mejor.

No está mal planear unas vacaciones, pero honra a Dios cuando le damos el reconocimiento a Él. Cuando lo honramos, Él nos honra —¡y con frecuencia nos da el deseo de nuestro corazón!

La verdadera cuestión aquí es la actitud. Si mi actitud hubiera sido la correcta, habría comenzado a elevar mi corazón al Señor y decirle algo como: "Señor, si estás de acuerdo, realmente me gustaría volver aquí el año que viene. Estamos comenzando a hacer planes, pero si no los apruebas, seremos felices de que interrumpas nuestros planes cuando quieras. ¡Queremos tu voluntad!"

Vacíese y sea llenado

Una mujer, de las mujeres de los hijos de los profetas, clamó a Eliseo, diciendo: Tu siervo mi marido ha muerto; y tú sabes que tu siervo era temeroso de Jehová; y ha venido el acreedor para tomarse dos hijos míos por siervos. Y Eliseo le dijo: ¿Qué te haré yo? Declárame qué tienes en casa. Y ella dijo: Tu sierva ninguna cosa tiene en casa, sino una vasija de aceite. El le dijo: Ve y pide para ti vasijas prestadas de todos tus vecinos, vasijas vacías, no pocas. Entra luego, y enciérrate tú y tus hijos; y echa en todas las vasijas, y cuando una esté llena, ponla aparte. Y se fue la mujer, y cerró la puerta encerrándose ella y sus hijos; y ellos le traían las vasijas, y ella echaba del aceite. Cuando las vasijas estuvieron llenas, dijo a un hijo suyo: Tráeme aún otras vasijas. Y él dijo: No hay más vasijas. Entonces cesó el aceite. Vino ella luego, y lo contó al varón de Dios, el cual dijo: Ve y vende el aceite, y paga a tus acreedores; y tú y tus hijos vivid de lo que quede.

2 Reyes 4:1-7

La clave para conocer nuestro valor y estima es saber quiénes somos en Jesús. Cuando sabemos eso, no podemos más que contemplarlo con reverencia y darle gracias y alabanza por lo que hizo por nosotros en Cristo.

Todos nosotros somos vasijas vacías. Ninguno de nosotros tiene nada de valor excepto el poder de Dios que mora allí y fluye de nosotros. ¿Qué tenemos para ofrecerle a Dios? Nada. Dios no necesita nada. Él no nos necesita ni a usted ni a mí. Él puede hacer su propia obra sin nosotros. No somos indispensables.

No digo esto para desanimarnos o para que nos sintamos mal respecto de nosotros mismos. Lo digo para puntualizar algo. Si no nos deshacemos de nuestra presunción y altivez, el Señor no podrá usarnos como desea.

Sí tenemos valor; pero sólo el valor que el Señor nos asigna por causa de la sangre de su Hijo Jesucristo. No tenemos nada en nosotros mismos ni que nos pertenezca. En Cristo, somos y tenemos todo. Pero en nuestra carne, no hay nada que sea de valor o estima. Lo que nace de la carne es carne, y no nos aprovecha para nada.

Cuando empecé a ministrar por primera vez, quería ayudar a la gente. El Señor me habló entonces y me dijo: "Cuando estés vacía de ti misma para que todo lo que te quede adentro sea la capacidad para depender del Espíritu Santo, cuando hayas aprendido que todo lo que eres y tienes viene de Él, entonces te enviaré a tus vecinos para llenar sus vasijas vacías con la vida que vertí en tu vasija vacía".

Llegar al lugar donde estamos totalmente vacíos de nosotros mismos no es tarea fácil y raramente se logra con rapidez. Una obra profunda debe ser hecha en cada uno de nosotros antes de que podamos decir con el apóstol Pablo:

> Con Cristo estoy juntamente crucificado, y ya no vivo yo, mas vive Cristo en mí; y lo que ahora vivo en la carne, lo vivo en la fe del Hijo de Dios, el cual me amó y se entregó a sí mismo por mí.
>
> GÁLATAS 2:20

Pasé muchos años preguntándome si alguna vez llegaría a un lugar en que manifestaría humildad en vez de orgullo —dependencia de Dios en lugar de independencia, confianza en su brazo en lugar del mío. Si se siente de la misma manera, permítame animarlo y decirle que, mientras no se dé por vencido, usted está avanzando.

Quizás le parece que llegar a ese lugar deseado lleva una eternidad, pero ...*el que comenzó en vosotros la buena obra, la perfeccionará hasta el día de Jesucristo* (Filipenses 1:6).

Si proseguimos y somos sinceros en cuanto a la madurez espiritual, finalmente todos seremos como la mujer de 2 Reyes 4:1-7: vacíos de nosotros mismos y listos para ser usados por Dios para llenar a otras personas vacías.

Es únicamente después de darnos cuenta de que no somos nosotros, sino sólo el Señor, que podemos empezar a servirle como deberíamos. Alguien dijo: "Aun está por verse lo que Dios puede hacer a través de un hombre o una mujer que le da a Él toda la gloria".

Debemos darnos cuenta de que las batallas que enfrentamos en esta vida no son nuestras, sino de Dios. Si dejamos de intentar ganarlas confiando en el brazo de la carne, veremos el brazo del Señor moverse a favor nuestro y hacer por nosotros lo que nunca podríamos hacer nosotros mismos.

Para saber y experimentar lo que Dios puede hacer, primero debemos tomar conciencia y reconocer lo que no podemos hacer. Debemos dejar de mirarnos a nosotros mismos y a nuestra limitada capacidad, y fijar totalmente nuestra mirada en Él y su infinito poder.

TRES IMPORTANTES PRINCIPIOS

Pasadas estas cosas, aconteció que los hijos de Moab y de Amón, y con ellos otros de los amonitas, vinieron contra Josafat a la guerra. [...] Y se reunieron los de Judá para pedir socorro a Jehová; y también de todas las ciudades de Judá vinieron a pedir ayuda a Jehová. Entonces Josafat se puso en pie en la asamblea de Judá y de Jerusalén, en la casa de Jehová, delante del atrio nuevo; y dijo: Jehová Dios de nuestros padres, ¿no eres tú Dios en los cielos, y tienes dominio sobre todos los reinos de las naciones? ¿No está en tu mano tal fuerza y poder, que no hay quien te resista? [...] Ahora, pues, he aquí los hijos de Amón y de Moab, y los del monte de Seir, a cuya tierra no quisiste que pasase Israel cuando venía de la tierra de Egipto, sino que se apartase de ellos, y no los destruyese; he aquí ellos nos dan el pago viniendo a arrojarnos de la heredad que tú nos diste en posesión. ¡Oh Dios nuestro! ¿no los juzgarás tú? Porque en nosotros no hay fuerza contra tan grande multitud que viene contra nosotros; no sabemos qué hacer, y a ti volvemos nuestros ojos.

2 CRÓNICAS 20:1, 4-6, 10-12

En el versículo 12 de este pasaje vemos tres declaraciones importantes que se aplican a nosotros hoy tanto como al pueblo de Judá que se enfrentaba a enemigos aplastantes: 1) "En nosotros no hay fuerza contra tan grande multitud que viene contra nosotros"; 2) "No sabemos qué hacer"; y 3) "A ti volvemos nuestros ojos".

Cuando llegamos al lugar en que somos capaces de hacer estas tres declaraciones al Señor con total honestidad y dependiendo completamente de Él, Él será libre para moverse a nuestro favor, como lo hizo por la gente de esta historia.

A veces nos preguntamos por qué parece que Dios no se está moviendo en nuestras vidas. La respuesta puede ser que seguimos estando muy llenos de nosotros mismos. La razón por la que Dios no toma control de nuestra situación podría ser porque nosotros no la soltamos. Eso es parte de lo que la Biblia quiere decir cuando dice que la batalla no es nuestra, sino de Dios.

La batalla no es suya, sino de Dios

❦

Y todo Judá estaba en pie delante de Jehová, con sus niños y sus mujeres y sus hijos. Y estaba allí Jahaziel hijo de Zacarías, hijo de Benaía, hijo de Jeiel, hijo de Matanías, levita de los hijos de Asaf, sobre el cual vino el Espíritu de Jehová en medio de la reunión; y dijo: Oíd, Judá todo, y vosotros moradores de Jerusalén, y tú, rey Josafat. Jehová os dice así: No temáis ni os amedrentéis delante de esta multitud tan grande, porque no es vuestra la guerra, *sino de Dios*. Mañana descenderéis contra ellos; he aquí que ellos subirán por la cuesta de Sis, y los hallaréis junto al arroyo, antes del desierto de Jeruel. No habrá para qué peleéis vosotros en este caso; paraos, estad quietos, y ved la salvación de Jehová con vosotros. Oh Judá y Jerusalén, no temáis ni desmayéis; salid mañana contra ellos, porque Jehová estará con vosotros. Entonces Josafat se inclinó rostro a tierra, y asimismo todo Judá y los moradores de Jerusalén se postraron delante de Jehová, y adoraron a Jehová.

2 CRÓNICAS 20:13-18 (ÉNFASIS DE LA AUTORA)

Antes de comenzar a gritar lo que leímos en el versículo 15 ("No es vuestra la guerra, sino de Dios"), debemos hacer lo que se nos dice en el versículo 12: 1) reconocer que no tenemos ningún poder para salvarnos a nosotros mismos, 2) admitir que no sabemos qué hacer respecto de nuestra situación, y 3) volver nuestros ojos al Señor, poniendo nuestra fe y confianza en que Él nos librará.

Una vez que dejamos de mirar al brazo de la carne para nuestra solución, Dios comenzará a darnos sus instrucciones de lo que debemos hacer. A menudo va a ser lo que le dijo al pueblo en este pasaje: "Estad quietos".

En el Salmo 46:10 el Señor nos dice: *Estad quietos, y conoced que yo soy Dios; Seré exaltado entre las naciones; enaltecido seré en la tierra.* En Isaías 40:31 se nos dice que: *...Los que esperan a Jehová tendrán nuevas fuerzas; levantarán alas como las águilas; correrán, y no se cansarán; caminarán, y no se fatigarán.*

No será el fin del mundo si por uno o dos meses no hacemos absolutamente nada más que caer de rodillas y decir: "Señor, estoy esperando en ti. Te adoro y espero que te muevas contra mis enemigos y me liberes".

Cuando los israelitas viajaban desde Egipto, la tierra de esclavitud, a Canaán, la tierra de la promesa, la nube del Señor iba delante de ellos, guiándolos por el camino. Cada vez que el Arca del Pacto era alzada y llevada delante de ellos, Moisés clamaba a Dios: *Levántate, oh Jehová, y sean dispersados tus enemigos, y huyan de tu presencia los que te aborrecen* (Números 10:35). Amo este versículo. Creo que debe ser nuestro grito de guerra: "¡Levántate, Señor, y que tus enemigos sean dispersados!"

Debemos recordar que cuando el Señor se levante, toda rodilla se doblará y toda lengua confesará que Jesucristo es el Señor, para la gloria de Dios el Padre (ver Filipenses 2:10-11).

En el Cuerpo de Cristo, muchos han perdido de vista la grandeza de Dios. Tendemos a pensar en Él y sus capacidades desde nuestra limitada perspectiva humana. Servimos a un Dios grande y poderoso. Todo enemigo caerá vencido ante Él. Es sumamente importante que mantengamos nuestros ojos en Él y no en nosotros mismos.

En el versículo 16 de este pasaje, Dios comenzó a dar instrucciones a su pueblo por medio de su profeta. Les dijo que se ubicaran en sus posiciones, estuvieran quietos, y vieran la liberación del Señor. No debían tener temor o abatirse, porque Dios estaba con ellos.

Oyendo esas noticias, el rey Josafat y todo el pueblo inclinaron sus rostros y adoraron al Señor. Al enfrentar a sus enemigos, ésta era la posición del pueblo de Dios en esta situación –y debería ser nuestra posición hoy.

Es necesario que pasemos más tiempo adorando y alabando a Dios y menos tiempo planeando, ideando y tratando de decirle a Dios lo que tiene que hacer. Debemos recordar que Dios resiste a los soberbios, pero da gracia a los humildes.

DIOS AYUDA AL DESVALIDO

Revestíos de humildad; porque: Dios resiste a los soberbios, y da gracia a los humildes.

1 PEDRO 5:5

Dios quiere que aprendamos que no podemos tener éxito si confiamos en nosotros mismos y nuestro propio conocimiento, sabiduría, fuerza y capacidad humanas, pero sí si confiamos en Él.

El mundo dice: "Ayúdate que Dios te ayudará". Esa afirmación es totalmente contraria a las Escrituras. Hay algunas cosas que debemos hacer nosotros mismos. Dios no va a enviar un ángel a limpiarnos el auto o la casa, por ejemplo. Nosotros tenemos que ser responsables de eso. También tenemos que salir y buscar un trabajo para ganarnos la vida. Dios nos da sabiduría y fuerza, pero debemos usar nuestro propio brazo de carne en estas cuestiones.

La Biblia nos dice que Dios ayuda a los que *no pueden* ayudarse a sí mismos en el sentido de que no debemos depender de nuestros propios esfuerzos, planes e ideas para vivir esta vida y solucionarnos los problemas, sino de Él.

Decir que Dios ayudará a quienes se ayudan a sí mismos no solamente es contrario a las Escrituras, sino también engañoso. Esta afirmación tiende a hacer que la gente piense que debe hacer todo lo posible por sí misma antes de pedir a Dios que la ayude. No es de extrañar que sea una "expresión mundana" frecuentemente aceptada como Escritura.

A Satanás, el dios del sistema de este mundo (ver 2 Corintios 4:4) nada le gustaría tanto como que nosotros creamos esa mentira y vivamos vidas frustradas tratando de cuidarnos nosotros mismos antes que apoyarnos en Dios.

Dios no ayuda a los que se ayudan a sí mismos. Ayuda a los que saben que no pueden hacerlo, a los que, como el rey Josafat y el pueblo de Judá, se dan cuenta de que dependen totalmente de Él para su liberación.

Los brazos eternos

⬥

El eterno Dios es tu refugio, y acá abajo los brazos
eternos; Él echó de delante de ti al enemigo, y
dijo: Destruye.

DEUTERONOMIO 33:27

A menudo cantamos ese viejo himno: "Leaning on the
Everlasting Arms" (Descansamos en los brazos eternos). Al
cantarlo, deberíamos sentir que los brazos eternos del Señor
nos alcanzan y nos levantan. Deberíamos experimentar la presencia manifiesta de Dios con nosotros cuando tomamos la
decisión consciente de no confiar más en el brazo de la carne,
sino en el brazo del Señor.

Con nosotros está Jehová nuestro Dios

⬥

Esforzaos y animaos; no temáis, ni tengáis miedo
del rey de Asiria, ni de toda la multitud que con él
viene; porque más hay con nosotros que con él.
Con él está el brazo de carne, mas con nosotros
está Jehová nuestro Dios para ayudarnos y pelear
nuestras batallas.

2 CRÓNICAS 32:7-8

Cuando los asirios vinieron con un gran ejército para invadir a Judá y sitiar a Jerusalén, el rey Ezequías animó al pueblo con estas palabras: "Esfuércense y tengan ánimo; no se atemoricen, ni tengan miedo de nuestro enemigo, el rey de Asiria, ni del numeroso ejército que viene con él; Aquél que está con nosotros es más grande que todos ellos juntos. El rey de Asiria caerá derrotado, y nosotros saldremos victoriosos, porque él depende del brazo de la carne, pero nosotros confiamos en el brazo del Señor".

Ésa es la actitud que usted y yo debemos tener ante los problemas que parecen abrumarnos. Más que mirar nuestros fracasos pasados, nuestras falacias presentes o nuestros temores futuros, deberíamos mirar al Señor y confiar en su sabiduría, fuerza y poder. Debemos recordarnos a nosotros mismos que sean cuantos fueren los problemas que estemos enfrentando, Aquél que está con nosotros es más grande que todos cuantos se nos oponen. Con ellos está el brazo de la carne, pero con nosotros está el brazo del Señor.

En Jeremías 17:5-8 leemos que todos los que ponen su confianza en el brazo de la carne son malditos con gran maldición. Son como una planta en el desierto, que está seca y asolada. No verán cuando llegue el bien. Pero los que ponen su confianza en el brazo del Señor son benditos. Son como un árbol plantado junto a un río. No cesan de dar fruto aun en medio de la sequía. No importa lo que venga, su hoja estará verde y ...*no se angustiará...* (v. 8 LBLA).

No debemos confiar en el brazo de la carne, sino en el brazo del Señor. Eso quiere decir que no debemos confiar en nosotros mismos o en otras personas, sino en Dios. La gente nos decepcionará, y acabaremos desconsolados, pero Dios jamás nos fallará ni nos abandonará. Como Jesús, tenemos que amar a la gente, pero no confiarnos a ella.

AME AL HOMBRE, CONFÍE EN DIOS

Estando en Jerusalén en la fiesta de la pascua, muchos creyeron en su nombre, viendo las señales que hacía. Pero Jesús mismo no se fiaba de ellos, porque conocía a todos, y no tenía necesidad de que nadie le diese testimonio del hombre, pues él sabía lo que había en el hombre.

JUAN 2:23-25

Jesús amaba a la gente, especialmente a sus discípulos. Tenía una gran comunión con ellos. Viajaba con ellos, comía con ellos y les enseñaba. Pero no puso su confianza en ellos, porque sabía lo que había en la naturaleza humana.

Eso no quiere decir que Él no confiara en su relación con ellos: Él les abría su corazón y se daba a ellos de la misma forma en que confiaba en Dios y abría su corazón a su Padre celestial.

Así deberíamos ser nosotros. Deberíamos amar a la gente, pero confiar en Dios.

Muchas veces quedamos desolados porque formamos relaciones con gente con la que no deberíamos involucrarnos. Llegamos a tener demasiada confianza en ellos, empezamos a depender de ellos, a idolatrarlos, y poner nuestra vista en ellos cuando deberíamos estar mirando a Dios.

Amo a mi esposo. Él y yo compartimos una maravillosa relación. Creo que no podría encontrar un hombre mejor con el que estar casada que Dave Meyer. Él es bueno conmigo. Me respeta. Me trata en la forma en que todo esposo debería tratar a su esposa. Pero, por ser humano, a veces dice y hace cosas que me lastiman, así como yo también a veces digo y hago cosas que lo hieren.

¿Por qué ocurre eso hasta en la mejor de las relaciones humanas? Sucede porque no somos perfectos. Sólo con Dios podemos contar sabiendo que nunca nos va a fallar, desilusionar, lastimar, o hacernos daño. Por mucho que amemos, honremos, valoremos y respetemos a otros –especialmente a nuestro cónyuge y los miembros de nuestra familia– no debemos poner nuestra confianza en el débil brazo de la carne, sino únicamente en el poderoso brazo del Señor.

Cuando esperamos cosas de gente que no puede dárnoslas, siempre acabaremos heridos y desilusionados.

5

⌘

La batalla del reposo

Pero los que hemos creído entramos en el reposo...

Hebreos 4:3

La importancia de entrar en el reposo de Dios por medio de la fe y la confianza en Él es muy importante, como lo hemos mencionado. Hay una batalla del reposo. Podemos desbaratar lo que el diablo está tratando de hacer en nuestra vida simplemente rehusándonos a llegar a estar alterados. En este capítulo estudiaremos cómo entrar a ese lugar de reposo y permanecer en él.

El mundo en el que vivimos hoy encaja en la descripción de 2 Timoteo 3:1 que va a continuación. Al leer el siguiente pasaje de las Escrituras, tenga en mente que los creyentes operan desde un mundo distinto al de los no creyentes: estamos en este mundo, pero no somos de él.

También debes saber esto: que en los postreros días vendrán tiempos peligrosos.

Estamos en tiempos peligrosos: *difíciles de afrontar y difíciles de soportar*. Los versículos 2-5 continúan describiendo lo que reconocemos como los tiempos en los que estamos viviendo y una acción que debemos realizar.

Porque habrá hombres amadores de sí mismos, avaros, vanagloriosos, soberbios, blasfemos, desobedientes a los padres, ingratos, impíos, sin afecto natural, implacables, calumniadores, intemperantes, crueles, aborrecedores de lo bueno, traidores, impetuosos, infatuados, amadores de los deleites más que de Dios, que tendrán apariencia de piedad, pero negarán la eficacia de ella; a éstos evita.

Estamos viviendo en los tiempos que describen esas Escrituras.

En el versículo 11, Pablo describe las persecuciones y sufrimientos que soportó, después afirma: *"...de todas me ha librado el Señor"*. Luego continúa:

Y también todos los que quieren vivir piadosamente en Cristo Jesús padecerán persecución; mas los malos hombres y los engañadores irán de mal en peor, engañando y siendo engañados. Pero persiste tú en lo que has aprendido y te persuadiste, sabiendo de quién has aprendido.

2 TIMOTEO 3:12-14

En el capítulo 4, Pablo comienza a explicar cómo debería ser nuestra forma de actuar en esta clase de atmósfera y situación. Él dice:

> Predica la palabra; insiste a tiempo y fuera de
> tiempo; redarguye, reprende, exhorta con mucha
> paciencia e instrucción. Porque vendrá tiempo
> cuando no soportarán la sana doctrina, sino que
> teniendo comezón de oídos, acumularán para sí
> maestros conforme a sus propios deseos; y aparta-
> rán sus oídos de la verdad y se volverán a mitos.
>
> 2 Timoteo 4:2-4 (lbla)

Hay gente con "comezón de oídos" en la iglesia hoy. Si oyen una enseñanza que no les viene bien, no la escuchan. En lugar de detenerse y mirar su corazón para ver si es recto, buscan a alguien que enseñe lo que ellos quieren oír y van allí.

A veces, la gente concurre a la consejería con "comezón de oídos". Quieren un consejero que les diga lo que ellos quieren oír. Si esa persona les dice la verdad, no vuelven. Es muy peligroso no escuchar la verdad –¡la enseñanza y el consejo basados en la Palabra de Dios!

Pablo nos advierte que debemos mantener el sentido de urgencia en la predicación de la Palabra, *instando y redarguyendo, reprendiendo y exhortando* a la gente, para convencerla de lo que anda mal en sus vidas para que no se alejen más de la verdad.

En el versículo 5, Pablo nos dice cómo debemos actuar ante todas las dificultades que hay en el mundo, las que hay en nuestras vidas, la gente que es difícil de tratar o difícil de soportar:

> Pero tú sé sobrio en todo, soporta las aflicciones,
> haz obra de evangelista, cumple tu ministerio.

¡Ésta es una Escritura gloriosa! *Pero tú sé sobrio en todo, soporta las aflicciones.*

Nuestra reacción frente a los problemas debe ser: "¡Voy a permanecer tranquilo y sereno!"

Cuando a alguien le sobrevienen problemas, lo primero que hace por lo general es ir de un lado a otro frenéticamente, diciendo: "¿Qué puedo hacer? ¿Qué puedo hacer? ¿Qué puedo hacer?" De inmediato reacciona carnalmente en vez de buscar la dirección del Señor.

¡Llamo a esto un "espíritu descontrolado"! Comienza a hacer todo tipo de cosas, a reaccionar emocionalmente antes que permanecer tranquilo y sereno y actuar de acuerdo con la guía del Espíritu Santo. Empieza a reprender demonios. Después dice: "Ya sé lo que voy a hacer: voy a ayunar por dos semanas. Voy a pedir a diez personas de la iglesia que vengan aquí, y vamos a orar para derribar estas fortalezas".

A veces, Dios nos hace hacer esas cosas, pero debemos estar seguros de que estamos actuando en obediencia a la guía del Señor y no reaccionando emocionalmente. Debemos recordar que las obras que Dios no activa son "obras muertas" y no producen buenos resultados.

La batalla del reposo

⟨≫⟩

Por tanto, tomad toda la armadura de Dios, para que podáis resistir en el día malo, y habiendo acabado todo, estar firmes.

EFESIOS 6:13

Debemos estar firmes, después de haber hecho todo lo que está a nuestro alcance que Dios nos haya guiado a hacer. Cuando enfrentamos desafíos, hay cosas que tenemos que hacer.

Pero debemos advertir que lo que hacemos para vencer una crisis puede no ser lo que debamos hacer para superar la siguiente crisis que surja. La razón por la que puede no resultar la segunda vez es que la solución al problema no radica en el procedimiento, sino en el poder —el que Dios nos da para lograr lo que *Él* nos indica hacer.

Dios usa diferentes métodos para diferentes personas y en diferentes situaciones. Una vez Jesús sanó a un ciego escupiéndole en los ojos e imponiendo sus manos sobre él dos veces (ver Marcos 8:22-25). Otra vez sanó a un ciego de nacimiento escupiendo en el suelo y haciendo barro con el cual untó los ojos del hombre, para después enviarlo a lavarse en el estanque de Siloé (ver Juan 9:1-7). En otra ocasión, sanó a un ciego simplemente diciendo una palabra (ver Marcos 10:46-52).

No era ninguno de los métodos que Jesús usaba lo que abría los ojos de esos ciegos para que pudieran ver. Lo que los sanaba era el poder de Dios que fluía a través de Jesús. Los distintos métodos simplemente eran los diferentes medios que Jesús usaba para liberar la fe dentro de cada persona a quien ministraba.

La llave para liberar el poder de Dios es la fe.

SIN FE, NO HAY DESCANSO

Porque también a nosotros se nos ha anunciado la buena nueva como a ellos; pero no les aprovechó el oír la palabra, por no ir acompañada de fe en los que la oyeron. Pero los que hemos creído entramos en el reposo, de la manera que dijo: Por tanto, juré en mi ira, no entrarán en mi reposo;

aunque las obras suyas estaban acabadas desde la
fundación del mundo.

HEBREOS 4:2-3

Para liberar nuestra fe y activar el poder de Dios a nuestro
favor, a veces necesitamos orar y ayunar. En otras ocasiones,
debemos declarar la Palabra de Dios sobre nosotros o nuestra
situación. Hay veces que debemos reprender al diablo y orde-
narle que se vaya en el nombre de Jesús. Pero sea lo que fuere
que el Señor nos guíe a hacer, no nos servirá de nada si no permanecemos en el descanso de Dios, porque si no permanecemos en su reposo, no estamos operando en verdadera fe.

Hebreos 11:6 nos dice que sin fe es imposible agradar a
Dios. Ninguno de los métodos que usemos significará nada si
no van acompañados de fe.

Según Hebreos 4:2-3, el reposo es un lugar. Creo que es el
lugar secreto del que habla el Salmo 91:1. Ese lugar secreto es la
presencia del Señor. Cuando estamos en ese lugar secreto, no
tenemos por qué preocuparnos o inquietarnos o estar ansiosos.
No tenemos que intentar entender todo. Nuestra carne puede
estarnos diciendo a gritos que hagamos algo, pero nosotros
podemos permanecer tranquilos y serenos. No tenemos por qué
descontrolarnos. Podemos relajarnos y estar seguros sabiendo
que en la presencia del Señor hay gozo, paz y descanso.

PRACTIQUE LA PRESENCIA DE DIOS

Y dijo Moisés a Jehová: Mira, tú me dices a mí:
Saca este pueblo; y tú no me has declarado a quién

enviarás conmigo. Sin embargo, tú dices: Yo te he conocido por tu nombre, y has hallado también gracia en mis ojos. Ahora, pues, si he hallado gracia en tus ojos, te ruego que me muestres ahora tu camino, para que te conozca, y halle gracia en tus ojos; y mira que esta gente es pueblo tuyo. Y él dijo: Mi presencia irá contigo, y te daré descanso.

ÉXODO 33:12-14

Cuando Moisés se quejó a Dios porque no le había dicho a quién iba a enviar con él en su misión, le pidió que le mostrara el camino para conocer mejor a Dios. El Señor entonces le aseguró a Moisés que su presencia iría con él y le daría descanso. Esto era considerado por Dios como un gran privilegio. Para Él, era todo lo que Moisés necesitaba.

Lo que era cierto para Moisés también lo es para nosotros. Por mucho que nos gustara conocer los planes y caminos de Dios para nosotros, todo cuanto realmente necesitamos saber es que su presencia estará con nosotros dondequiera que nos envíe y en todo lo que nos dé para hacer.

Moisés tenía una gran tarea en sus manos, por lo que era natural que estuviera preocupado al respecto, así como nosotros nos preocupamos por lo que Dios nos ha llamado a hacer en nuestras vidas. Pero todo lo que Moisés necesitaba era el conocimiento y la certeza de que Dios iría con él y lo ayudaría. Eso es también todo lo que nosotros necesitamos saber.

Con todos los desafíos que tenemos en el ministerio en la tarea de traer esperanza y sanidad a otros, a veces nos sentimos tentados a estar preocupados e inquietos. Pero el Señor nos enseña a permanecer tranquilos y serenos. Nos ha mostrado que debemos ser adaptables y mantener nuestros ojos en Él, no en nuestros planes. Si las cosas no resultan de la forma que queremos, debemos permanecer relajados y confiar en que Él nos mostrará qué hacer.

Cuando algo sale mal, solemos vernos tentados a decir: "Bueno, ¡la gota que colmó el vaso! ¡Ahora sí mi plan está arruinado!" Si fue Dios el que arruinó nuestro plan, en principio teníamos el plan equivocado. Si fue el diablo quien arruinó nuestro plan, el Señor nos dará otro, uno diez veces mejor que el que fracasó.

Con demasiada frecuencia, cuando las cosas no resultan tal como las planeamos, empezamos a reprender al diablo. Sí, tenemos autoridad sobre el diablo. ¿Pero de qué nos sirve reprender a Satanás y ponernos como locos y alterarnos? El Salmo 91:1 nos dice que aquel que habita en el lugar secreto del Señor permanecerá sereno y seguro bajo la sombra del Omnipotente, cuyo poder ningún enemigo puede resistir.

Con demasiada frecuencia, en medio de nuestros problemas hablamos con la persona equivocada. En vez de ponernos nerviosos y reprender al enemigo cada vez que algo sale mal, debemos aprender a volvernos al Señor y decir: "Padre, tú eres mi refugio y fortaleza, mi Dios; en ti confío y descanso, en ti confío plenamente".

LAS PROMESAS DEPENDEN DE LA PRESENCIA

Él te librará del lazo del cazador, de la peste destructora. Con sus plumas te cubrirá, y debajo de sus alas estarás seguro; Escudo y adarga es su verdad. No temerás el terror nocturno, ni saeta que vuele de día, ni pestilencia que ande en oscuridad, ni mortandad que en medio del día destruya. ...Pues a sus ángeles mandará acerca de ti, que te guarden en todos tus caminos.

SALMO 91:3-6, 11

Los versículos 1 y 2 del Salmo 91 nos hablan de la persona que habita en el lugar secreto del Altísimo, que declara al Señor como su refugio y fortaleza, y que se apoya, descansa y confía plenamente en Él.

El resto del salmo (versículos 3 al 16) pasa a enumerar todas las promesas de provisión y protección de Dios. Sólo he mencionado algunas aquí. Veremos el resto de estas promesas en el Capítulo 5 de este libro.

En la versión en inglés *The Amplified Bible* (Biblia Amplificada) hay una nota al pie de la página donde aparece el Salmo 91, que dice: "Las ricas promesas de todo este capítulo dependen de que uno cumpla las condiciones de estos dos primeros versículos (ver Éxodo 15:26)". ¿Cuáles son las condiciones de estos dos primeros versículos? Básicamente que permanezcamos en reposo.

Usted y yo necesitamos ser libres del "espíritu descontrolado" que tan a menudo nos lleva a perder nuestro autocontrol y decir y hacer cosas que nos causan dolor y problemas a nosotros tanto como a otros. Es necesario que recordemos que las promesas del Señor dependen de la presencia del Señor, la cual siempre va acompañada por la paz del Señor.

PRACTIQUE LA PAZ DEL SEÑOR

La paz os dejo, mi paz os doy; yo no os la doy como el mundo la da. No se turbe vuestro corazón, ni tenga miedo.

JUAN 14:27

Justo antes de ir a la cruz, Jesús dijo a sus discípulos que les dejaba un regalo: su paz. Después de su resurrección, se les apareció nuevamente, y lo primero que les dijo fue: *...¡Paz a vosotros!* (Juan 20:19). Para demostrarles quién era Él, les mostró sus manos y su costado, y les dijo una vez más: *...Paz a vosotros...* (v. 21). Ocho días después, se les apareció nuevamente y, una vez más, sus primeras palabras fueron: *...¡Paz a vosotros!* (v. 26).

Obviamente Jesús desea que sus seguidores vivan en paz a pesar de lo que pueda estar sucediendo a su alrededor en ese momento. Lo que estaba diciendo a sus discípulos –y a nosotros– es simplemente: "Dejen de estar ansiosos, preocupados e inquietos".

En el Salmo 42:5, el salmista pregunta: *¿Por qué te abates, oh alma mía, y te turbas dentro de mí? Espera en Dios; porque aún he de alabarle, salvación mía y Dios mío.* En el versículo 11 de ese salmo dice básicamente lo mismo: *¿Por qué te abates, oh alma mía, y te turbas dentro de mí? Espera en Dios; porque aún he de alabarle, salvación mía y Dios mío.*

Cuando en nuestro interior comenzamos a sentirnos abatidos y turbados, es necesario que esperemos en Él, que es nuestra salvación y nuestro Dios.

Cuando comenzamos a perder nuestra *paz*, es necesario que nos acordemos de nuestro *lugar*.

Nuestro lugar

Pero Dios, que es rico en misericordia, por su gran amor con que nos amó, aun estando nosotros muertos en pecados, nos dio vida juntamente con Cristo (por gracia sois salvos), y juntamente con él nos resucitó, y asimismo nos hizo sentar en los lugares celestiales con Cristo Jesús.

EFESIOS 2:4-6

¿Dónde está nuestro lugar? En Cristo que, según Efesios 1:20, está sentado a la diestra del Padre en los lugares celestiales. El hecho de que Jesús esté sentado es clave. Si usted y yo estamos en Él, y Él está sentado, entonces nosotros también deberíamos estar sentados.

En muchas referencias bíblicas de Jesús después de su ascensión, se lo representa sentado (ver Efesios 1:20; 2:6; Colosenses 3:1; Hebreos 1:3, 13; 8:1; 10:12; 12:2; 1 Pedro 3:22; Apocalipsis 4:2).

Veamos un par de estos ejemplos porque nos revelan el lugar de Jesús, que determina nuestro lugar, ya que estamos en Él.

EL LUGAR DE JESÚS

El cual, siendo el resplandor de su gloria, y la imagen misma de su sustancia, y quien sustenta todas las cosas con la palabra de su poder, habiendo efectuado la purificación de nuestros pecados por medio de sí mismo, se sentó a la diestra de la Majestad en las alturas, [...] pues, ¿a cuál de los ángeles dijo Dios jamás: Siéntate a mi diestra, hasta que ponga a tus enemigos por estrado de tus pies?

HEBREOS 1:3, 13

Aquí no solamente vemos la *naturaleza* de Jesús como la Palabra de Dios, y el *rol* de Jesús como el Defensor, Sustentador y Redentor del universo, también vemos el *lugar* de Jesús: a la diestra de Dios en las alturas.

Aunque nunca me costó creer que Jesús estaba sentado a la diestra del Padre en los cielos, fue para mí una revelación saber que Dios convirtió al diablo en estrado de sus pies. Yo siempre creí que era mi tarea poner a Satanás en su lugar.

El lugar de Satanás

Y el diablo que los engañaba fue lanzado en el lago de fuego y azufre, donde estaban la bestia y el falso profeta; y serán atormentados día y noche por los siglos de los siglos.

APOCALIPSIS 20:10

Me doy cuenta de que si declaramos la Palabra de Dios con fe podemos vocalizar autoridad sobre el demonio. Jesús nos ha dado autoridad sobre Satanás, y a veces debemos expresarla con palabras. Hay veces en que debemos "poner al diablo en su lugar" diciendo: "¡No voy a escucharte porque eres un mentiroso!" Pero al mismo tiempo, tenemos que reconocer que no somos quienes ejercemos el *supremo* poder y autoridad sobre el enemigo.

Me ayudó a entender que cuando Jesús ascendió al cielo, fue recibido por su Padre quien le dijo: "Bienvenido, hijo mío. Bien hecho. Tu obra está consumada. Siéntate aquí a la diestra de mi trono hasta que ponga a tus enemigos por estrado de tus pies".

¿Quiénes son los pies de Cristo? Somos nosotros. Somos el Cuerpo de Cristo, el cual incluye sus pies. Esto significa que aunque Jesús nos dio poder y autoridad sobre el diablo y sus demonios aquí en la tierra, al final es Dios mismo quien en última instancia va a despojar a Satanás del último pedacito de su poder para luego enviarlo a su destino final de castigo eterno.

SENTADOS CON CRISTO

Pero este sacerdote [Cristo], después de ofrecer por los pecados un solo sacrificio para siempre, se sentó a la derecha de Dios, en espera de que sus enemigos sean puestos por estrado de sus pies.
HEBREOS 10:12-13 NVI (NOTA ACLARATORIA)

¿Por qué es tan importante que Cristo esté sentado en lugares celestiales y que nosotros estemos sentados allí con Él esperando que sus enemigos sean puestos por estrado de sus pies por el Padre?

Esta cuestión no está tan estrechamente relacionada con nosotros como con los antiguos judíos. Bajo el antiguo pacto, el sumo sacerdote judío debía entrar al Lugar Santísimo terrenal una vez al año para hacer expiación por sus propios pecados y por los pecados del pueblo, lo cual hacía rociando la sangre de animales en el altar.

Dentro del Lugar Santísimo terrenal no había sillas porque bajo el pacto de las obras al pueblo no se le permitía sentarse y descansar. El descanso sabático no sería instituido hasta después de que Jesús hubiera entrado en el verdadero Lugar

Santísimo y rociado con su propia sangre el altar celestial: *En efecto, Cristo no entró en un santuario hecho por manos humanas, simple copia del verdadero santuario, sino en el cielo mismo, para presentarse ahora ante Dios a favor nuestro* (Hebreos 9:24 NVI).

Todo el tiempo que el sumo sacerdote judío pasaba en el Lugar Santísimo terrenal, debía estar ministrando al Señor. Dios había ordenado que se cosieran campanillas en el manto de sus vestiduras: *...y se oirá su sonido cuando él entre en el santuario delante de Jehová y cuando salga, para que no muera* (Éxodo 28:35).

Bajo el antiguo pacto, el pacto de las obras, el sumo sacerdote debía mantenerse en movimiento mientras permanecía en el Lugar Santísimo; no se le permitía sentarse y descansar. Pero una vez que Jesús hubo consumado la obra de salvación por medio de su sangre derramada, cuando Él entró al cielo, su Padre no le dijo: "Ponte en pie, Hijo, y sigue moviéndote". En lugar de eso, le dijo: "Bien hecho. Tu obra está terminada. Siéntate a mi diestra hasta que ponga a tus enemigos por estrado de tus pies".

Ése es el mismo mensaje que Dios nos está dando a usted y a mí hoy. Quiere que sepamos que estamos sentados a su diestra con su Hijo Jesucristo. Ésa es parte de nuestra herencia como santos del Señor. Ahora en vez de correr de un lado al otro tratando de agradar a Dios y ganarnos su favor por medio de las obras de la carne, podemos entrar a la sala del trono y hallar descanso para nuestras almas.

DESCANSO PARA NUESTRAS ALMAS

Vengan a mí todos ustedes que están cansados y agobiados, y yo les daré descanso. Carguen con mi yugo y aprendan de mí, pues yo soy apacible y humilde de corazón, y encontrarán descanso para sus almas.

MATEO 11:28-29 (NVI)

Así como podemos estar involucrados en actividades externas, podemos estarlo en actividades internas. Dios no solamente quiere que nuestro cuerpo entre en su reposo; también desea que nuestra alma entre en ese mismo descanso.

Para mí, hallar reposo, alivio, tranquilidad, refrigerio, solaz y bendita quietud para mi alma significa hallar libertad de la actividad mental. Significa no tener que tratar de entender constantemente lo que debería hacer respecto de todas las cosas de mi vida. Significa no tener que vivir en el tormento de razonar, tratando de encontrar siempre la respuesta que no tengo. No debo preocuparme; en lugar de eso puedo permanecer en una lugar de paz y quietud.

Cuando algo sale mal, en vez de ponerme nerviosa y empezar a reprender al diablo, puedo hablarle a mi alma irritada y a mi mente atormentada, así como Jesús le habló al viento y a las olas diciendo simplemente: "Calla, enmudece" (Marcos 4:39). El Señor me enseñó que en tiempos de prueba yo puedo "poseer mi alma". Al hacer esto tenemos autoridad sobre Satanás.

Posea su alma

Con vuestra paciencia ganaréis vuestras almas.

LUCAS 21:19

En la versión *Reina Valera 1909* de la Biblia, este versículo dice: *En vuestra paciencia poseeréis vuestras almas.* Eso es algo que todos debemos aprender a hacer.

Yo soy la clase de persona a la que le gusta tener todo bajo control. No me gusta cuando las cosas se me salen de las manos y comienzan a tomar un rumbo que yo no quiero. Una de mis hijas es igual que yo. Ella y yo tenemos el mismo tipo de personalidad. Nos gusta planear nuestro trabajo y llevar a cabo nuestro plan. Cuando las cosas empiezan a salirse de control, comenzamos a ponernos nerviosas y hay veces en que llegamos a tener miedo.

Todos necesitamos aprender a no dejar que nuestra mente y emociones se queden con lo mejor de nosotros, especialmente cuando se trata de cosas sobre las que no tenemos control. Por ejemplo, supongamos que vamos camino a una importante entrevista y quedamos atascados en un embotellamiento. ¿Cómo reaccionamos? ¿Vale la pena ponernos nerviosos y dar rienda suelta a ese espíritu descontrolado? ¿No sería mucho mejor para nosotros y todos los demás que permaneciéramos calmados, tranquilos y serenos, aunque llegáramos tarde a esa entrevista? Si hemos hecho todo lo que está en nuestras manos, Dios se encargará del resto.

En cierta ocasión, una señora vino a una de nuestras reuniones en Louisiana. Nos dijo que acababa de enterarse de que su esposo había sido herido en un accidente y que en ese mismo momento lo estaban operando en un hospital de Arkansas. No obstante, ella estaba en el fondo del salón llena de la paz del Señor. ¿Y por qué no? No le habría servido de nada preocuparse y alterarse y llorar y lamentarse. "Oh, ¿por qué sucedió esto? Estoy aquí tratando de ser una buena cristiana, y mientras estoy en la iglesia un árbol cae sobre mi esposo y causa un desastre en nuestras vidas. No puedo entender por qué a los creyentes nos pasan esas cosas".

Un día, una señora estaba sentada en un bote leyendo y citando el Salmo 91:11, que promete que los ángeles del Señor nos guardarán, defenderán y protegerán en todos nuestros caminos. En ese preciso momento, algo le pasó a la silla en la que estaba sentada, y se cayó, golpeándose fuertemente la cabeza contra el borde del bote. Se lastimó tanto que su alma saltó y comenzó a quejarse contra Dios: "No entiendo cómo puede haberme pasado esto. Aquí estaba yo, leyendo y repitiendo el Salmo 91:11 acerca de cómo envías tus ángeles para cuidarme y protegerme, ¡y mira lo que sucedió! ¿Dónde estabas, Señor?"

Inmediatamente Dios le habló y le dijo: "Bueno, no estás muerta, ¿verdad?" A veces estamos tan alterados por lo que sucedió que no nos damos cuenta de cómo Dios nos protegió.

Nos gusta confesar la Palabra de Dios diciendo: "Por Jehová son ordenados los pasos del hombre" (Salmo 37:23) –hasta que nos lleva a un lugar al que no queremos ir. Entonces, de pronto es: "Te reprendo, Satanás". Lo que no advertimos es que quizás Dios nos está poniendo justo en medio del embotellamiento para evitar que tengamos un terrible accidente más adelante.

Es necesario que nos rehusemos a perder el control. Debemos negarnos a permitir que nuestra mente, voluntad y emociones gobiernen nuestro espíritu. Con paciencia debemos aprender a poseer nuestras almas y no dar lugar al diablo en nuestras vidas.

No dé lugar al diablo

Airaos, pero no pequéis; no se ponga el sol sobre vuestro enojo, ni deis lugar al diablo.
EFESIOS 4:26-27

A veces cuando mi esposo quiere que yo haga algo que no quiero, mi alma se subleva y causa conflicto.

Desde hace mucho tiempo, Dave y yo tenemos una diferencia de opinión sobre ir al aeropuerto. A él le gusta llegar al menos una hora antes de la salida del vuelo y esperar tranquilo. Como odio esperar, preferiría llegar veinte minutos antes de la salida del vuelo– y quizás terminar corriendo por la pista, gritando: "¡Detengan ese avión!" Pero ése es sólo un aspecto de nuestros tipos de personalidad totalmente diferentes.

Yo soy una persona de mucha energía, del tipo que camina por las paredes, muy dinámica y siempre activa. Dave, por el contrario, es el Sr. Serenidad. Siempre está tranquilo, sereno y calmado. Nada es un problema para él; se adapta a cualquier situación o circunstancia.

(¿Es de extrañar que siempre haya gozado de excelente salud mientras que yo siempre tuve que estar yendo al médico por sufrir dolores de espalda, de cuello, de cabeza, de estómago y por problemas de colon?)

Cada vez que Dave y yo planeábamos un viaje en avión, lo que hacíamos generalmente tres o cuatro veces por mes, me hacía llegar al aeropuerto tan temprano que me enojaba. Aunque no lo demostraba por fuera, por dentro estaba furiosa.

"Esto es tan estúpido", me decía a mí misma. "Aquí estoy sentada y esperando una hora y a veces una hora y media a que el avión despegue. Me paso la mitad de la vida esperando en aeropuertos. ¡Tengo mejores cosas que hacer que esto!"

Yo trataba de hablar con Dave, de razonar con él. Le rogaba. Me enojaba con él. Discutía con él. Pero hiciera lo que hiciera, no se inmutaba.

"Vamos a llegar al aeropuerto una hora antes", decía. "No vamos a perder nuestro vuelo. No vamos a ir por la vida corriendo tras los aviones o llegando tarde a destino. No es sensato".

Habría sido mucho más fácil si hubiera dicho: "Bueno, me llevaré un buen libro para leer mientras esperamos o una almohada para dormir un ratito". En cambio, yo hacía un escándalo y echaba chispas y me enfermaba –todo porque no había aprendido a gobernar mi alma, sino que dejaba que ella me gobernara a mí.

Dave y yo solíamos disentir sobre las cosas más insignificantes. Llegábamos a casa a la noche y empezábamos a pelear sobre qué programa íbamos a ver en la televisión. Cuando encontrábamos una vieja película que nos gustaba, nos poníamos a discutir sobre quiénes eran los actores.

Dave tenía la extraña idea de que todos los actores de las películas eran Henry Fonda. Incluso si era John Wayne, él decía que era Henry Fonda. Yo no lo podía soportar. Me enojaba tanto que decía: "Dave, estás equivocado, ése no es Henry Fonda".

"Oh, sí. Sí es", me contestaba.

"¡No, no es!"

"¡Sí es!"

"¡NO, NO ES!"

Nos quedábamos levantados hasta la medianoche esperando que pasaran los créditos para poder demostrarle que yo tenía razón.

Un día la voz del Señor vino y me dijo: "Joyce, no hace ninguna diferencia para la salvación eterna de nadie si Dave vive toda su vida y llega a su casa celestial pensando que cada actor que ve es Henry Fonda". Así que tuve que aprender a morderme la lengua y dejar que Dave creyera que tenía razón aun si yo realmente creía que no.

Otro tema que solíamos discutir era respecto a la ubicación de cierta ferretería. En realidad había dos tiendas llamadas

Central Hardware en nuestra ciudad. Para llegar a una de ellas, al salir de nuestra subdivisión había que doblar a la derecha, y para llegar a la otra teníamos que doblar a la izquierda. Yo pensaba que una de las tiendas estaba más cerca de casa, y Dave creía que la otra estaba más cerca. Cuando salíamos a comprar algunos artículos de ferretería, yo le decía que doblara hacia un lado, e invariablemente él doblaba hacia el otro.

"Estás yendo por el camino equivocado."

"No."

"¡Que sí!"

"¡Que no!"

"¡TE DIGO QUE SÍ!"

Cada vez, me arrebataba un espíritu descontrolado. Mi alma se alzaba dentro de mí y causaba un conflicto. Debía decirle: "Alma, siéntate, y vuelve a tu lugar". En cambio, empezaba una pelea.

Por fin, un día Dave y yo íbamos saliendo de nuestra subdivisión hacia la ferretería cuando el Espíritu Santo me habló y dijo: "Joyce, deja que el hombre vaya por donde quiera ir". Mantener la boca cerrada y dejarlo ir por donde yo creía que era el "camino equivocado" fue una de las cosas más difíciles que me tocó hacer.

En otra oportunidad mientras estábamos ministrando en Louisiana, unas personas nos enviaron a Dave y a mí a un restaurante que no nos gustaba mucho porque servía comida cajún, que nosotros no estábamos acostumbrados a comer. Yo había encontrado otro restaurante que creí que nos resultaría más apropiado, pero estaba un poco alejado, y Dave no quería conducir tan lejos. Entonces sugirió un tercer restaurante. Yo estaba convencida de que no me iba a gustar en absoluto, pero como era obvio que Dave quería ir ahí, accedí. Todo el camino hasta el restaurante, tuve que hablarle a mi alma y pedir que el Señor me ayudara a mantenerla bajo control porque no estaba nada entusiasmada por el lugar al que íbamos. Pero resultó ser que disfrutamos de una de las mejores comidas que saboreamos en mucho tiempo.

Así es la vida cristiana. Muchas veces lo que pensamos que no queremos es lo mejor para nosotros. Por eso necesitamos aprender a "nadar con la corriente" y no causar tantos problemas por cosas que realmente no tienen importancia. Después de todo, ¿qué diferencia hace en qué lugar comamos?

A veces hacemos una montaña de un grano de arena. Exageramos las cosas desmesuradamente. Hacemos un escándalo de situaciones menores que en realidad no tienen importancia alguna. Debemos aprender a adaptarnos, a dejar pasar algunas cosas, a no permitir que nuestras almas gobiernen nuestras vidas. Debemos aprender a caminar por el Espíritu y no según la carne.

Cuando nos preocupamos por cosas pequeñas, le abrimos de golpe la puerta al diablo. Le damos oportunidad de entrar y causar estragos. Con frecuencia la culpa no es del diablo, sino nuestra.

Es asombroso de cuánto nos libraría el Señor, soberana y sobrenaturalmente, si eligiéramos honrarlo permaneciendo en paz. Debemos aprender a controlar nuestras emociones y no dejar que ellas nos controlen. Eso no significa que no debemos tener sentimientos. Sólo significa que necesitamos manejar esos sentimientos y no permitir que ellos nos manejen a nosotros. En medio del enojo y la preocupación, debemos poseer nuestras almas. Debemos mantenerlas en su sitio y no dar lugar al diablo. En tiempos de prueba debemos ser constantes y no temer.

Constantes y sin temor

❦

Y en nada intimidados por los que se oponen, que
para ellos ciertamente es indicio de perdición, mas
para vosotros de salvación; y esto de Dios.

FILIPENSES 1:28

De acuerdo con este versículo, el indicio, la prueba, el
sello, la muestra y la evidencia para nuestros enemigos de su
derrota y destrucción y de nuestra liberación y salvación es
nuestra constancia y falta de temor.

¿Cuál es la señal para el diablo de que no puede controlar-
nos? No es nuestra gran confesión del poder y la autoridad que
tenemos sobre él. Es nuestra constancia y falta de temor frente a su aparición.

Entonces, ¿por qué a veces nuestra liberación parece tardar
tanto? A menudo sucede porque Dios está esperando a ver si
realmente confiamos en Él o no. Si lo estamos, permanecere-
mos sentados *plenamente convencido(s) de que Dios tenía poder
para cumplir lo que había prometido* (Romanos 4:21 NVI).
Diremos a Dios: "Padre, si hay algo que quieres que haga,
dímelo y lo haré. La batalla es tuya, Señor, no mía. Mis ojos
están puestos en ti. En ti espero, y en ti confío".

El diablo no quiere que pensemos que podemos relajarnos,
descansar y disfrutar de la vida mientras tenemos problemas.
Quiere que creamos que debemos estar corriendo de un lado a
otro haciendo algo, como los sacerdotes del Antiguo
Testamento en el Lugar Santísimo. Él nos susurrará al oído:
"Ésta es una situación terrible, ¿qué vas a hacer?" Nos enviará

a nuestros mejores amigos y a nuestros queridos familiares para decirnos: "Me enteré de tu problema, ¿qué vas a hacer?" En tiempos de adversidad, puede parecer que todo aquel con quien nos topamos quiere saber qué vamos a hacer.

Nuestra respuesta debería ser: "Voy a permanecer sentado con Cristo y disfrutar del descanso del Señor mientras Él se ocupa de esta situación y la usa para bendecirme".

CALMA EN EL DÍA DE LA AFLICCIÓN

Bienaventurado el hombre a quien tú, JAH, corriges, y en tu ley lo instruyes. Para hacerle descansar en los días de aflicción, en tanto que para el impío se cava el hoyo.

SALMO 94:12-13

Dios usa a gente y acontecimientos en nuestras vidas para edificar nuestro carácter espiritual tanto como nuestro poder espiritual.

Creemos que Dios sólo quiere capacitarnos para vencer cada problema de la vida reprendiendo al diablo. Pero el Señor tiene en mente una meta y propósito mucho mayores. Está trabajando para llevarnos al punto en que, no importa qué esté sucediendo a nuestro alrededor, permanezcamos igual, arraigados y afirmados en Cristo y su amor, y permanezcamos firmes en la Roca de nuestra salvación.

Dios está obrando en nuestras vidas para disciplinarnos, instruirnos y enseñarnos para poder darnos la capacidad de mantenernos en calma en los días de aflicción.

Con ese poder, somos capaces de esperar paciente y confiadamente nuestra liberación y salvación prometidas, y la destrucción inminente de todos nuestros enemigos.

Sentados con Cristo a la diestra de Dios en los lugares celestiales, confiando no en el brazo de la carne sino en el brazo del Señor, realmente no tenemos nada por qué estar afanosos.

Parte 2

ECHE TODA SU ANSIEDAD

Introducción

⁓◈⁓

La Biblia dice que podemos echar toda nuestra ansiedad sobre Dios porque Él cuida de nosotros (ver 1 Pedro 5:7). Eso significa que Dios quiere cuidarnos, pero para que pueda hacerlo, hay algo que nosotros debemos hacer. Debemos dejar de cargar con nuestra ansiedad y comenzar a echarla sobre Él.

En su Palabra el Señor nos promete que si le entregamos toda nuestra ansiedad, Él nos dará algo a cambio.

Bendiciones por embrollos

⁓◈⁓

El Espíritu de Jehová el Señor está sobre mí, porque me ungió Jehová; me ha enviado a predicar buenas nuevas a los abatidos, a vendar a los quebrantados de corazón, a publicar libertad a los cautivos, y a los presos apertura de la cárcel; a proclamar el año de la buena voluntad de Jehová, y el día de venganza del Dios nuestro; a consolar a todos los enlutados; a ordenar que a los afligidos de Sion se les dé gloria en lugar de ceniza, óleo de gozo en lugar de luto, manto de alegría en lugar del espíritu angustiado; y serán llamados árboles de justicia, plantío de Jehová, para gloria suya.

ISAÍAS 61:1-3

En este pasaje, Dios promete darnos varias cosas positivas a cambio de las cosas negativas de nuestras vidas. Uno de los intercambios positivos que nos promete es gloria en lugar de cenizas. Pero Dios no puede darnos su gloria si no le damos nuestras cenizas.

Una vez el Señor me habló y dijo: "Mucha gente quiere revolcarse en las cenizas de sus fracasos y desilusiones pasados, pero esperan que les dé mi gloria".

Si vamos a recibir las bendiciones que Dios desea derramar sobre nosotros, debemos estar dispuestos a entregarle los embrollos de nuestra vida.

Bendiciones por embrollos: ¡eso sí que es un intercambio ventajoso!

Qué gran intercambio. Le damos a Dios toda nuestra preocupación, inquietud, ansiedad y nerviosismo, y a cambio nos da la paz y el gozo que vienen de saber que Él se ocupa de todo cuanto nos concierne.

LAS CUATRO CUESTIONES DE LA ANSIEDAD

El ladrón no viene sino para hurtar y matar y destruir; yo he venido para que tengan vida, y para que la tengan en abundancia.

JUAN 10:10

En la Parte 1 de este libro aprendimos que no debemos afanarnos por nada, y a dejar el brazo de la carne para depender del brazo del Señor mientras permanecemos tranquilos –quieta y confiadamente sentados con Cristo en los lugares celestiales.

En la Parte 2, vamos a tratar varias cuestiones relacionadas con nuestra ansiedad. En el Capítulo 6 aprenderemos a echar toda nuestra ansiedad sobre el Señor, porque Él cuida de nosotros. En el Capítulo 7 aprenderemos a echar nuestra ansiedad, pero no nuestra responsabilidad. En el Capítulo 8 aprenderemos a decir, por muy mala que pueda ser nuestra situación o circunstancia: "Esto también pasará". Y en el Capítulo 9 examinaremos la gran ventaja que viene de abandonar la ansiedad.

Es mi oración que a través de estas páginas encuentre la comprensión profunda que es necesaria para vivir en plenitud la vida gozosa, abundante y rebosante que Dios desea para nosotros y que nos proveyó por medio de su Hijo, nuestro Señor Jesucristo.

6

❦

ÉL CUIDA DE USTED

El que habita al abrigo del Altísimo morará
bajo la sombra del Omnipotente.
Diré yo a Jehová: Esperanza mía,
y castillo mío; mi Dios,
en quien confiaré.

SALMO 91:1-2

En nuestro estudio acerca de echar toda nuestra ansiedad sobre el Señor porque Él cuida de nosotros, veremos nuevamente el Salmo 91, esta vez con mayor detalle.

Como ya hemos visto, los versículos 3 al 16 de este salmo contienen muchas de las bendiciones que el Señor nos ofrece a cambio de nuestros "embrollos". Pero, como observamos en el Capítulo 5, para recibir esas bendiciones debemos hacer algo. Debemos cumplir la condición de los dos primeros versículos arriba citados, que es habitar en el lugar secreto del Altísimo, permaneciendo serenos y firmes bajo la sombra del Omnipotente.

Específicamente, hay tres aspectos del Salmo 91:1-2 que determinan nuestra capacidad para recibir las ricas bendiciones de Dios. Primero, debemos *habitar (morar)*, que significa "quedarse... residir... permanecer... sentarse".[1] Ésta misma palabra se usa en Juan 15:4 cuando Jesús dijo a sus discípulos: *Permaneced en mí, y yo en vosotros. Como el pámpano no puede llevar fruto por sí mismo, si no permanece en la vid, así tampoco vosotros, si no permanecéis en mí.*

Segundo, debemos habitar en el *lugar secreto* del Altísimo, que es un escondite, un lugar de protección, un lugar que tiene una cobertura para mantenernos a salvo de todos nuestros enemigos.

Tercero, debemos permanecer bajo la *sombra* del Omnipotente, lo que quiere decir que debemos hacer al Señor nuestro Refugio y nuestra Fortaleza, apoyándonos y descansando en Él y confiando con seguridad en Él.

ENTONCES...

⚬⚬

Él te librará del lazo del cazador, de la peste destructora. Con sus plumas te cubrirá, y debajo de sus alas estarás seguro; escudo y adarga es su verdad. No temerás el terror nocturno, ni saeta que vuele de día, Ni pestilencia que ande en oscuridad, ni mortandad que en medio del día destruya. Caerán a tu lado mil, y diez mil a tu diestra; mas a ti no llegará. Ciertamente con tus ojos mirarás y verás la recompensa de los impíos.

SALMO 91:3-8

Cuando hagamos las cosas requeridas en los versículos 1 y 2, *entonces* el Señor cumplirá sus maravillosas promesas mencionadas en el resto del salmo. Nos librará, nos cubrirá, nos guardará del temor y del terror, y nos protegerá de conspiraciones y calumnias para que no tengamos temor de la pestilencia, destrucción o mortandad, aunque a nuestro alrededor otros caigan por causa de estas cosas.

PROTECCIÓN Y LIBERACIÓN ANGÉLICA

Porque has puesto a Jehová, que es mi esperanza, al Altísimo por tu habitación, no te sobrevendrá mal, ni plaga tocará tu morada. Pues a sus ángeles mandará acerca de ti, que te guarden en todos tus caminos. En las manos te llevarán, para que tu pie no tropiece en piedra. Sobre el león y el áspid pisarás; hollarás al cachorro del león y al dragón. Por cuanto en mí ha puesto su amor, yo también lo libraré; le pondré en alto, por cuanto ha conocido mi nombre. Me invocará, y yo le responderé; con él estaré

yo en la angustia; lo libraré y le glorificaré. Lo saciaré de larga vida, y le mostraré mi salvación.

SALMO 91:9-16

Este pasaje deja muy en claro que Dios promete protección
angélica y liberación a quienes le sirven y caminan en obediencia a Él.

Una referencia cruzada para el versículo 13 es Lucas 10:19
cuando Jesús dice a sus discípulos: *He aquí os doy potestad de
hollar serpientes y escorpiones, y sobre toda fuerza del enemigo, y
nada os dañará.* Eso describe nuestro lugar en Dios. Nosotros
los creyentes estamos en una posición de poder y autoridad
sobre Satanás y sus demonios y maquinaciones.

También ocupamos una posición de favor e influencia con
Dios. Por nuestro conocimiento personal de Él y de su misericordia, amor y bondad, porque confiamos y dependemos de
Él, sabiendo que nunca nos abandonará ni nos dejará, hemos
recibido su preciosa promesa de estar con nosotros, respondernos, librarnos y honrarnos con una vida larga y abundante.
¿Qué más podríamos pedir?

Decir que contamos con la protección angélica no significa
que no vayamos a tener pruebas o aflicciones. Significa que
estamos protegidos contra lo que Satanás ha planeado en última instancia para nosotros, en tanto mantengamos nuestra
confianza en Dios y digamos de Él las cosas apropiadas.

Pero hay algo muy importante que debemos aprender acerca de esta protección y liberación angélica. Es un *proceso*. En
los versículos 15 y 16, el Señor nos promete que cuando lo
invoquemos, Él nos responderá y estará con nosotros *en* nuestras dificultades, y nos fortalecerá y acompañará a través de
ellas hasta la victoria, la liberación y el honor.

Me tomó muchos años distinguir el patrón: Dios estaba
conmigo en mis pruebas y dificultades, después comenzaba a

liberarme de ellas, y finalmente me honraba. Esto es un proceso, una progresión, y debemos tenerlo presente si queremos encontrar paz y gozo en el Señor.

UNA COSA

Una cosa he demandado a Jehová, ésta buscaré; que esté yo en la casa de Jehová todos los días de mi vida, para contemplar la hermosura de Jehová, y para inquirir en su templo. Porque él me esconderá en su tabernáculo en el día del mal; me ocultará en lo reservado de su morada; sobre una roca me pondrá en alto. Luego levantará mi cabeza sobre mis enemigos que me rodean, y yo sacrificaré en su tabernáculo sacrificios de júbilo; cantaré y entonaré alabanzas a Jehová.

SALMO 27:4-6

En un momento de mi vida le pedí al Señor bastante más que una sola cosa. Luego, más adelante el Señor empezó a transformar mi vida. Cuando lo hizo, éste fue el pasaje de las Escrituras que usó para iniciar el proceso.

Ahora cuando las cosas empiezan a salir mal en mi vida, en lugar de ponerme completamente ansiosa e inquietarme y llorar y lamentarme, voy al lugar secreto del Señor y elevo gritos de gozo mientras el diablo está tratando de destruirme. Encuentro refugio y me mantengo calma y serena bajo la sombra del Omnipotente. Si adoro y busco a Dios, Él pelea mis batallas.

Bajo la sombra

⁓❧⁓

Dios, Dios mío eres tú; de madrugada te buscaré; mi alma tiene sed de ti, mi carne te anhela, en tierra seca y árida donde no hay aguas, para ver tu poder y tu gloria, así como te he mirado en el santuario. Porque mejor es tu misericordia que la vida; mis labios te alabarán. Así te bendeciré en mi vida; en tu nombre alzaré mis manos. Como de meollo y de grosura será saciada mi alma, y con labios de júbilo te alabará mi boca, cuando me acuerde de ti en mi lecho, cuando medite en ti en las vigilias de la noche. Porque has sido mi socorro, y así en la sombra de tus alas me regocijaré.

SALMO 63:1-7

Mi esposo Dave y yo recibimos una revelación de Dios sobre lo que significa morar bajo la sombra de sus alas. Una sombra es una protección del calor o del sol. También es un límite entre la luz y la oscuridad. O estamos a la sombra de algo o no lo estamos.

Del mismo modo existen fronteras o límites definidos dentro de los cuales debemos quedarnos si vamos a permanecer bajo la sombra de las alas de Dios —esto es, bajo su protección contra el mundo o el diablo.

Cuando estamos al aire libre en el verano, podemos elegir permanecer bajo la sombra de un árbol, o decidir caminar bajo la plena, directa luz del sol. Un lugar ciertamente estará mucho más fresco y nos ofrecerá mayor protección contra los rayos dañinos del sol que el otro.

Lo mismo sucede con el Señor. Mientras decidamos permanecer bajo la sombra de sus alas, estaremos mucho más confortablemente y mejor protegidos contra el peligro que cuando elegimos salir de debajo de sus alas.

Una frontera es un límite o área intermedia entre dos cualidades o condiciones. Podemos elegir vivir bajo un determinado conjunto de condiciones o bajo otro diferente. Lo sabio es no sólo elegir permanecer bajo la sombra del Omnipotente, sino establecer nuestra residencia permanente en ese lugar.

Cuando conducimos por la autopista, mientras permanezcamos dentro de las líneas divisorias de los carriles y obedezcamos las señales que hay en el camino, correremos mucho menos peligro de vernos involucrados en un accidente que si ignoramos dichos límites e instrucciones. Esas líneas y señales están puestas allí para nuestro beneficio y protección.

En el ámbito espiritual, las "líneas y señales" que nos mantienen en el camino del Señor y lejos del peligro son la confianza y la seguridad. Mientras mantengamos nuestra confianza y seguridad en el Señor, Él nos guardará bajo la sombra de sus alas y nos protegerá de todo daño y peligro.

La oración produce paz

꧁❦꧂

No se afanen por nada; más bien oren por todo. Presenten ante Dios sus necesidades y después no dejen de darle gracias por sus respuestas. Haciendo esto sabrán ustedes lo que es la paz de Dios, la cual es tan extraordinariamente maravillosa que la mente humana no podrá jamás entenderla. Su paz mantendrá sus pensamientos y su corazón en la quietud y el reposo de la fe en Jesucristo.

FILIPENSES 4:6-7 (LBAD)

En este pasaje, el apóstol Pablo no dice: "Oren y estén afanosos". En cambio, dice: "Oren y no se afanen por nada". ¿Por qué debemos orar y no preocuparnos? Porque se supone que la oración es la forma en que *echamos nuestra ansiedad* sobre el Señor.

Cuando el diablo trata de causarnos ansiedad, se supone que nosotros debemos ir al Señor y entregarle esa preocupación. Eso es la oración, nuestro reconocimiento ante el Señor de que no podemos llevar nuestra carga de ansiedad, así que la echamos sobre Él. Si oramos por algo y después seguimos preocupados al respecto, estamos mezclando un positivo y un negativo. Los dos se cancelan mutuamente y acabamos en el lugar donde comenzamos: en cero.

La oración es una fuerza positiva, la preocupación es una fuerza negativa. El Señor me ha dicho que la razón por la cual muchas personas operan a nivel cero de poder espiritual es porque anulan el poder positivo de su oración cediendo ante el poder negativo de la preocupación.

Muy a menudo, oramos y hacemos una confesión positiva durante un tiempo, y luego nos preocupamos y confesamos negativamente por otro tiempo. Fluctuamos entre dos extremos. Eso es como ir por la carretera conduciendo a los bandazos. Si hacemos eso, tarde o temprano nos vamos a meter en problemas.

Mientras estamos preocupados, no estamos confiando en Dios. Es sólo confiando, teniendo fe y certeza en el Señor, que somos capaces de entrar en su reposo y disfrutar de la paz que sobrepasa todo entendimiento.

La oración produce descanso

❦

Pero los que hemos creído entramos en el reposo...
HEBREOS 4:3

Si no estamos en el reposo, no estamos creyendo, porque el fruto de creer es el reposo.

Durante muchos años de mi vida declaré: "Oh, le creo a Dios; confío en el Señor". Pero no estaba haciendo ninguna de esas cosas. No tenía ni idea de lo que era creerle a Dios o confiar en el Señor. Todo cuanto hacía era preocuparme e inquietarme, hablar negativamente y tratar de entender todo por mí misma. Estaba ansiosa y muy nerviosa, irritable y con los nervios de punta todo el tiempo. Y aun así consideraba que creía y confiaba.

Si realmente le creemos a Dios y confiamos en el Señor, hemos entrado en su reposo. Hemos orado y echado nuestra ansiedad sobre Él y ahora permanecemos en la perfecta paz de su santa presencia.

La oración produce paciencia y esperanza

❦

Por quien también tenemos entrada por la fe a esta gracia en la cual estamos firmes, y nos gloriamos en la esperanza de la gloria de Dios. Y no sólo esto, sino que también nos gloriamos en las tribulaciones, sabiendo que la tribulación produce paciencia; y la paciencia, prueba; y la prueba, esperanza.

ROMANOS 5:2-4

Es fácil decir: "No se preocupe". Pero para hacerlo se requiere tener experiencia con Dios. Creo que no hay forma alguna de que una persona pueda vencer totalmente el hábito de la preocupación, la ansiedad y el temor y desarrollar el hábito de la paz, el reposo y la esperanza sin años de experiencia.

Por eso es importante mantener la fe y confianza en Dios en medio de las pruebas y tribulaciones. Es muy importante resistir la tentación de darse por vencido y abandonarlo todo cuando las cosas se ponen difíciles –y continúan empeorando a medida que pasa el tiempo. En esos duros momentos de prueba el Señor forja en nosotros la paciencia, la entereza y el carácter que finalmente producirán en nosotros el hábito de la esperanza gozosa y confiada.

Cuando usted y yo estamos en medio de una batalla contra nuestro enemigo espiritual, cada asalto que peleamos produce valiosa fortaleza y experiencia. Cada vez que soportamos un ataque, nos hacemos más fuertes. Si permanecemos firmes y nos rehusamos a darnos por vencidos, tarde o temprano seremos más de lo que el diablo puede manejar. Cuando eso suceda, habremos alcanzado la madurez espiritual.

Por años el diablo me controló y manipuló. Ya no lo hace más. Es porque he tenido años de experiencia. He aprendido a dejar de correr a la gente y a recurrir a Dios. He aprendido a orar a Dios y a echar mi ansiedad sobre Él –en secreto. El Señor me ha revelado que necesitamos aprender a soportar en privado nuestro sufrimiento personal.

Hay un tiempo para compartir lo que nos está sucediendo, pero también hay un tiempo para mantener las cosas en secreto entre nosotros y Dios. A menudo hablamos tanto acerca de "lo que nos está pasando" que el propósito de la obra nunca llega a cumplirse. Dios hace que obren para nuestro bien las cosas que Satanás planea para dañarnos. La cosa puede ser mala, pero servimos a un Dios que es tan bueno que puede tomar algo malo y hacer que obre para bien en nuestras vidas.

Sufrir en silencio

Angustiado él, y afligido, no abrió su boca; como cordero fue llevado al matadero; y como oveja delante de sus trasquiladores, enmudeció, y no abrió su boca.

ISAÍAS 53:7

En el Antiguo Testamento, el profeta Isaías predijo lo que sucedería cuando llevaran al Mesías para ser crucificado por los pecados del mundo. Él profetizó que permanecería callado y sumiso, una señal de su fortaleza y estabilidad interior.

En los comienzos de mi vida y ministerio cristianos, quería llegar al punto de ser fuerte y estable como Jesús. Quería alcanzar el punto en que ya no estuviera inquieta ni preocupada, o llena de razonamientos o ansiedad.

Mi esposo era el tipo de persona al cual le resultaba fácil echar su carga sobre el Señor y dejársela a Él, creyendo que proveería para todas nuestras necesidades. Yo no era así. En medio

NO SE AFANE POR NADA

de todos nuestros problemas financieros, yo estaba en la cocina enfrascada en la pila de cuentas impagas y sumamente alterada y nerviosa, mientras que Dave estaba en el living mirando televisión y jugando con los niños. Yo me esforzaba tanto por creer, por confiar, por tener seguridad en el Señor, pero no tenía la experiencia para *saber* que Él haría todo a su manera y a su tiempo.

Es en estos tiempos de prueba cuando llegamos a conocer al Señor y, como el apóstol Pablo, aprendemos a estar serenos y confiados en cualquier circunstancia en la que nos encontremos.

CONTENTOS EN CUALQUIER SITUACIÓN

No lo digo porque tenga escasez, pues he aprendido a contentarme, cualquiera que sea mi situación.
FILIPENSES 4:11

Pablo tenía la capacidad de estar contento en cualquier situación que se encontrara. Sabía cómo echar sus cargas sobre el Señor y permanecer en el lugar secreto a la sombra de sus alas. A pesar de todos los desafíos que enfrentaba y las dificultades que tenía que atravesar, Pablo sabía cómo vivir día por día sin estar perturbado ni intranquilo.

Si a usted no le pasa lo mismo, no se desanime, porque Pablo dijo que era algo que él había *aprendido* a hacer –y que eso requiere tiempo y experiencia. Quizás todavía usted no tenga esa capacidad, pero si sigue al Señor, siéndole fiel y obediente pese a todo lo que pueda suceder, tarde o temprano comenzará a desarrollar esa capacidad de contentarse en cualquier situación.

Confíe en el Señor —totalmente

⤬

Fíate de Jehová de todo tu corazón, y no te apoyes
en tu propia prudencia. Reconócelo en todos tus
caminos, y él enderezará tus veredas.

PROVERBIOS 3:5-6

A medida que usted y yo transitemos por el camino de la
vida, habrá muchas ocasiones en las que nos desviaremos hacia
un lado o hacia el otro. Como el diablo sabe que estamos pro-
gresando hacia nuestra meta, tratará de distraernos. Continuamente nos tentará a "tomar el camino de la preocupación"
para poder llevarnos a la destrucción.

Pero si nos mantenemos dentro del carril y obedecemos las
señales a lo largo del camino, podemos permanecer dentro de
los límites de la guía y protección de Dios. En lugar de tratar
de tratar de entender todo, debemos confiar en que el Señor
nos guiará por el camino por donde debemos ir hasta que lleguemos sanos y salvos a nuestro destino final.

No es difícil decir cuándo hemos empezado a cruzar el
límite; es cuando comenzamos a perder nuestra paz. La pérdi-
da de paz es una señal segura de que nos hemos salido de debajo de la protección de la sombra del Omnipotente.
Generalmente es una indicación de que hemos empezado a
preocuparnos o de que hemos pecado y no nos hemos arrepen-
tido o de que hemos maltratado a otros sin reconocer nuestro
error y hacer un esfuerzo para arreglar las cosas entre nosotros.
Cualquiera que sea el problema, debemos ser sensibles a la falta
de paz y buscar la razón de ella para corregir el problema y volver al camino del Señor.

Este pasaje de Proverbios nos dice que debemos confiar en el Señor no solamente con nuestro corazón, sino con nuestro corazón *y* nuestra mente. Como hemos visto, la fe es apoyar la personalidad humana *entera* en Dios con absoluta confianza y fe en su poder, sabiduría y bondad. Cuando Dios dice que nos apoyemos en Él, quiere decir totalmente, completamente. Quiere decir que debemos confiar en Él mental y emocionalmente, tanto como espiritualmente.

Yo solía pensar que creía en Dios y que confiaba en el Señor. Espiritualmente, quizás lo estaba haciendo. Pero mentalmente, aún seguía planeando y maquinando, tratando de entender cómo manejar todo por mí misma. Emocionalmente, aún seguía preocupada y ansiosa, y quería encontrar paz de mente y corazón tratando de mantener todo bajo mi control.

A pesar de que afirmaba creerle a Dios y confiar en el Señor, me encontraba en un estado de confusión y agitación constantes —lo cual siempre es una señal de que hemos pasado la línea y que vamos a meternos en problemas.

BUSQUE A DIOS, NO A LA SEGURIDAD

Por tanto os digo: No os afanéis por vuestra vida, qué habéis de comer o qué habéis de beber; ni por vuestro cuerpo, qué habéis de vestir. ¿No es la vida más que el alimento, y el cuerpo más que el vestido? Mirad las aves del cielo, que no siembran, ni siegan, ni recogen en graneros; y vuestro Padre celestial las alimenta. ¿No valéis vosotros mucho más que ellas? ¿Y quién de vosotros podrá, por mucho que se afane, añadir a su estatura un codo? Y por el vestido, ¿por qué os afanáis? Considerad los lirios del campo, cómo crecen: no trabajan ni hilan; pero os digo, que ni aun Salomón con toda su gloria se vistió así como uno de ellos. Y si la hierba del campo que hoy es, y mañana se echa en el horno, Dios la viste así, ¿no hará mucho más a vosotros, hombres de poca fe? No os afanéis, pues, diciendo: ¿Qué comeremos, o qué beberemos, o qué vestiremos? Porque los gentiles buscan todas estas cosas; pero vuestro Padre celestial sabe que tenéis necesidad de todas estas cosas. Mas buscad primeramente el reino de Dios y su justicia, y todas estas cosas os serán añadidas.

MATEO 6:25-33

Éste es un maravilloso pasaje de las Escritura en cual Jesús mismo nos habla directamente sobre la futilidad del afán y la ansiedad. Cada vez que somos tentados a preocuparnos o estar ansiosos por algo de nuestra vida, deberíamos leer estos versículos en voz alta.

En el versículo 25, nuestro Señor nos manda específicamente que dejemos de estar perpetuamente inquietos, preocupados y ansiosos. Ésa es razón suficiente para que dejemos de torturarnos con pensamientos y sentimientos negativos, porque cuando lo hacemos no sólo nos estamos haciendo daño, sino que también estamos desobedeciendo a Dios.

En el versículo 26, Jesús nos manda mirar a las aves del cielo. ¿Ha visto alguna vez un pájaro en un árbol que tuviera un ataque de nervios? Así como Dios alimenta a los pájaros y animales e incluso viste la hierba y las flores del campo, así también alimentará y vestirá a quienes pongan su fe y confianza en Él.

En el versículo 32, Jesús nos asegura que nuestro Padre celestial sabe todas las cosas de las que tenemos necesidad y que ha prometido que nos las proveerá. Entonces ¿por qué estar afanosos?

Finalmente, en el versículo 33, Jesús nos da la clave para vivir en la paz del Señor. Debemos buscar primero el reino de Dios y su justicia, y las otras cosas nos serán añadidas. En otras palabras, la razón por la cual nos preocupamos y estamos inquietos y vivimos con temor y ansiedad es simplemente porque tenemos las prioridades equivocadas. Buscamos seguridad en las cosas de este mundo antes que en el Creador de este mundo.

Como Cuerpo de Cristo, *se supone que debemos buscar a Dios, no la respuesta a nuestros problemas.* Si lo buscamos a Él y su justicia, Él prometió proveernos todas las respuestas que necesitemos.

Pasamos mucho tiempo buscando cosas y no el suficiente buscando a Dios. En ningún lugar de la Palabra de Dios se nos dice que debemos pasar todo nuestro tiempo buscando la pareja perfecta o un hogar feliz o una carrera o ministerio exitoso, aunque Dios quiere que tengamos todas esas cosas buenas. En cambio, se nos dice que debemos buscar el reino de Dios y su justicia, confiando en que Él proveerá todas estas cosas que sabe que necesitamos, de acuerdo con su plan y tiempo divinos.

ECHE SU ANSIEDAD

Humillaos, pues, bajo la poderosa mano de Dios, para que él os exalte cuando fuere tiempo; echando toda vuestra ansiedad sobre él, porque él tiene cuidado de vosotros.

1 PEDRO 5:6-7

En el Salmo 27 vimos que el salmista tenía la idea correcta cuando escribió que la única cosa que le pedía al Señor era habitar en su presencia y contemplar la hermosura del Señor todos los días de su vida.

En el Salmo 91 vimos que si buscamos habitar en el lugar secreto del Altísimo, apoyándonos y dependiendo de Él con fe y confianza, Él nos añadirá las bendiciones que nos prometió en el resto del salmo.

En Mateo 6:25-33 vimos que no debemos ir en pos de las cosas de esta vida, sino buscar primero el reino de Dios y su justicia. En el versículo 34 de ese pasaje vimos que no debemos estar ansiosos o preocupados por el mañana, porque el mañana tendrá sus propios afanes y preocupaciones; es suficiente para nosotros tratar cada día con la ansiedad que él trae.

Ahora en este pasaje se nos dice *cómo* debemos tratar con los afanes de cada día: echándolos a todos sobre el Señor, quien se preocupa amorosamente por nosotros y nos cuida celosamente.

Varias veces, en el Salmo 37, se nos manda no estar preocupados y evitar los pensamientos de ansiedad, que rápidamente pueden tornarse irritantes. En cambio, debemos poner nuestra fe y confianza en el Señor, que es nuestro refugio y nuestro castillo (ver Salmo 91:2).

DIOS COMO NUESTRO REFUGIO Y CASTILLO

Te amo, oh Jehová, fortaleza mía. Jehová, roca mía y castillo mío, y mi libertador; Dios mío, fortaleza mía, en él confiaré; mi escudo, y la fuerza de mi salvación, mi alto refugio. Invocaré a Jehová, quien es digno de ser alabado, y seré salvo de mis enemigos.

SALMO 18:1-3

El salmista dice que Dios es todo lo que él necesita: su Señor, su fortaleza, su roca firme, su castillo, su libertador, su escudo, la fuerza de su salvación y su alto refugio. En el Salmo 61:2 llama a Dios, ...*la roca que es más alta que yo...* En el Salmo 62:2, dice del Señor: *Sólo Él es mi roca y mi salvación, mi baluarte, nunca seré sacudido* (LBLA).

David dijo que *sólo* Dios era su roca y fortaleza. Ése también debería ser nuestro testimonio. Nuestra roca de seguridad no debería ser Dios más otra cosa, sino solamente Dios.

Una roca es un tipo de fundamento seguro. Cuando las aguas de la prueba amenazan con levantarse e inundarnos, debemos hacer lo que hacía David y subir a la roca que es más alta que nosotros.

David también llamaba al Señor su fortaleza. Una fortaleza es un castillo, un fuerte, una defensa, un lugar al que vamos cuando nos persiguen o nos atacan. No es un lugar secreto, como vimos antes, en el que nuestro enemigo no puede encontrarnos. Es un lugar protegido en el que podemos ver y ser vistos pero no podemos ser alcanzados porque estamos seguros bajo la protección de Dios.

David también llamaba al Señor su alto refugio –otro lugar elevado e inaccesible– y su escudo y adarga –que son parte de la armadura protectora que rodea al creyente (ver Efesios 6:10-17).

En el Salmo 125:1, 2 leemos: *Los que confían en Jehová son como el monte de Sion, que no se mueve, sino que permanece para siempre. Como Jerusalén tiene montes alrededor de ella, así Jehová está alrededor de su pueblo desde ahora y para siempre.* Dios no solamente está sobre y alrededor de nosotros, incluso está debajo de nosotros, porque el salmista nos dice: ...*pero el Señor sostendrá a los justos* (Salmo 37:17 NVI). Dios nos sostiene con su poderosa diestra y nos rodea como los montes rodean la santa ciudad de Jerusalén.

El diablo está contra nosotros, pero Dios es por nosotros, y está sobre, con y en nosotros. Como se interesa por nosotros, Él nos cuida y nos protege para que podamos encontrar reposo y paz bajo la sombra de sus alas al mismo tiempo que echamos sobre Él toda nuestra ansiedad.

7

⌒⌒

ECHE SU ANSIEDAD, NO SU RESPONSABILIDAD

Humillaos, pues,
bajo la poderosa mano de Dios,
para que él os exalte cuando fuere tiempo;
echando toda vuestra ansiedad
sobre él, porque él tiene cuidado de vosotros.

1 PEDRO 5:6-7

Es importante que aprendamos a echar nuestra ansiedad, pero no nuestra responsabilidad. Con gran frecuencia hacemos exactamente lo opuesto; echamos nuestra responsabilidad, pero conservamos nuestra ansiedad.

Existe una diferencia entre echar nuestra ansiedad y ser pasivo. Debemos comprender esa diferencia. Como vimos en Juan 6:28-29, Jesús nos ha dicho que como creyentes nuestra primera responsabilidad es creer. Eso no debería costarnos, porque si Dios nos ha dicho algo, no deberíamos tener problema en creerlo y hacer lo que Él dice que hagamos. Y una cosa que nos ha dicho que hagamos es echar nuestra ansiedad sobre Él, lo que en sí mismo puede ser una cuestión algo violenta.

EL REINO SUFRE VIOLENCIA

Y desde los días de Juan el Bautista hasta ahora, el reino de los cielos sufre violencia, y los violentos lo conquistan por la fuerza.

MATEO 11:12 (LBLA)

Echar es una palabra violenta. Se refiere a arrojar, lanzar, desencadenar, mandar, golpear, empujar, expulsar, expeler, todos términos bastante contundentes.[1] En Mateo 11:12 Jesús dijo que desde los días de Juan el Bautista, el Reino de Dios sufre violencia, y los violentos lo conquistan por la fuerza.

De alguna manera, entonces, vamos a tener que ponernos violentos —espiritualmente violentos— en cuanto a echar nuestra ansiedad sobre el Señor y permanecer en el lugar secreto del Altísimo, bajo la sombra del Omnipotente. Parte de esa violencia se expresa en nuestro rechazo absoluto a vivir más tiempo bajo la culpa y la condenación —como seguir preocupados por errores del pasado.

Por haber sido abusada por tanto tiempo en mi niñez, desarrollé un carácter basado en la vergüenza. Me sentía mal conmigo misma todo el tiempo. Acarreé una carga de culpa toda mi vida.

Cuando comencé a meterme en la Palabra de Dios y a descubrir que Jesús me había hecho libre de esa carga de culpa y condenación, me tomó años llegar a sentir que estaba totalmente libre de eso. Aunque mental y espiritualmente yo sabía que había sido hecha justa delante de Dios en Él, por lo que Él hizo en el Calvario por mí, durante un tiempo seguí teniendo dificultades para poder aceptarlo y vivirlo emocionalmente. El diablo continuó atacando mis sentimientos, haciéndome *sentir* culpa y condenación. Me preocupaba por mi pasado: ¿cómo podría superarlo alguna vez? Luché contra esos sentimientos durante años hasta que finalmente me cansé. Le dije al diablo: *"¡No! ¡No voy a vivir bajo culpa y condenación! Jesús me ha hecho justa delante de Dios, y he decidido que voy a tener aquello que Él murió para darme!"*

El apóstol Pablo dijo que él seguía adelante, por ver si lograba asir aquello para lo cual fue también asido por Cristo Jesús (ver Filipenses 3:12). Eso era lo que yo estaba haciendo. Sabía por la Biblia que había sido hecha justa ante Dios por la sangre derramada por su Hijo Jesucristo. Tenía las Escrituras en mi corazón y las confesaba con mi boca, pero el enemigo todavía seguía atacándome en mis sentimientos, hasta que se levantó en mí un enojo santo que finalmente me hizo libre.

A veces, tenemos que enojarnos tanto como para levantarnos contra los principados, potestades y huestes espirituales de maldad en las regiones celestes que tratan de evitar que disfrutemos todas las bendiciones que Jesucristo ganó para nosotros. Solemos ponernos furiosos con otras personas cuando deberíamos ponernos furiosos con el diablo y sus demonios.

El enojo contra Satanás puede ser una forma de violencia justa, así como también el echar nuestra ansiedad sobre el Señor. Podemos resistir y resistir a Satanás y a la culpa, la condenación, la preocupación, y la ansiedad que trata de poner sobre nosotros, hasta que nos hartemos tanto que reaccionemos con un enojo santo. Cuando él trata de forzarnos a llevar una carga de preocupación, podemos detenernos y tomar violentamente lo que Satanás está tratando de quitarnos, diciendo: *"¡No! No voy a llevar esa ansiedad. ¡La estoy echando sobre el Señor!"*

Todos tenemos nuestra propia serie de problemas, pero nos hemos vuelto muy buenos para esconderlos. Mucha gente lucha con la preocupación o la culpa, a veces ansiosos hasta las lágrimas, camino a la iglesia. Cuando salen del auto en el estacionamiento, se ponen su "cara de iglesia" y entran al edificio alabando al Señor. Salen de la misma manera, hasta que están solos de nuevo. Entonces vuelven derecho a su sufrimiento y a su vergüenza.

Para liberarse de esa clase de farsa, es necesario que entablemos combate con cierta violencia santa. Cuando sentimos que el diablo está comenzando a colocar sobre nosotros cualquier tipo de culpa, condenación, y ansiedad, debemos tomarla y echarla sobre el Señor.

En cada uno de nosotros hay ciertas cuestiones espirituales que deben ser resueltas de una vez por todas. Cualquiera sea el problema que nos impide caminar en la plenitud del gozo, la paz y el descanso que el Señor quiere darnos, es necesario que lo entreguemos al Señor.

La Biblia dice que tenemos que echar *toda* nuestra ansiedad sobre Dios. ¿Qué es la ansiedad? La palabra griega traducida como ansiedad en 1 Pedro 5:7 significa "'conducir en diferentes direcciones, distraer', por consiguiente significa 'lo que causa esto, una preocupación, especialmente una preocupación ansiosa'".[2]

¿Por qué el diablo trata de provocarnos ansiedad? Para distraernos de nuestra comunión con Dios. Ése es su propósito. Por esa razón debemos aprender a echar nuestra ansiedad, pero no nuestra responsabilidad. A fin de lograrlo, es necesario que sepamos lo que es nuestra responsabilidad y lo que no.

EL PROBLEMA DE LA INDEPENDENCIA

⌐∞¬

...echando toda vuestra ansiedad sobre él, porque él tiene cuidado de vosotros.

1 PEDRO 5:7

En una nota al pie de página sobre este versículo en el *Worrell New Testament* (Nuevo Testamento Worrell) dice: *"Echando toda vuestra ansiedad sobre Él*: El tiempo griego indica aquí una inmediata y completa entrega de la ansiedad de uno, de una vez y para siempre, sobre Dios. Esto, en un sentido, se realiza cuando uno hace una completa rendición de sí mismo y de todo lo suyo a Dios para que él lo gestione conforme su voluntad. Cuando uno deposita toda la gestión de su vida en las manos de Dios, puede alcanzar el lugar donde toda ansiedad se va, a pesar de las pruebas externas que pueda tocarle vivir".[3]

Con demasiada frecuencia somos culpables del pecado de independencia, el cual causa muchos problemas.

El deseo de independencia es el signo de un cristiano inmaduro. Un niño pequeño cree que puede hacer cualquier cosa. En vez de pedir ayuda, quiere hacerlo todo por sí mismo. Trata de ponerse los zapatos, atarse los cordones, y vestirse. A menudo se pone los zapatos en el pie equivocado, ata los cordones juntos de modo que tropieza, o se pone la ropa al revés o de atrás para adelante.

Así somos a veces en nuestra vida cristiana. Nuestro Padre celestial trata de ayudarnos, pero no queremos su ayuda; queremos hacerlo todo nosotros mismos —y terminamos haciendo un lío terrible.

Dios quiere dirigir nuestra vida. Quiere gestionar nuestros asuntos por nosotros como una manera de bendecirnos. Pero muchas veces rechazamos su ayuda y tratamos de hacer las cosas por nuestra propia cuenta. Con frecuencia el resultado es desastroso. Si queremos experimentar la paz del Señor, debemos aprender a echar toda nuestra ansiedad sobre Él permanentemente, como vemos en las notas de estudio de Worrell:

"*En vez de echar su carga* sobre el Señor, y dejar que permanezca en él, muchos cristianos acuden al Señor en oración, y reciben un alivio temporero; luego se van y pronto se encuentran bajo la misma vieja carga. Los cristianos de esta clase nunca han experimentado plenamente la crucifixión; porque cuando ha pasado bien a través de la crucifixión, uno puede vivir sin ansiosas preocupaciones; nada perturba la profunda paz de su alma. Pero nadie puede alcanzar este dichoso estado de su mente y corazón, si primero no rinde todo su ser a Dios, recibe al Espíritu Santo para que habite en él, y Cristo se hace real en su corazón, como Soberano de ese reino".[4]

La manera en que superamos un espíritu de independencia es poniéndonos totalmente en las manos de Dios y permitiéndole ser el Director de nuestra vida.

Ésta es una oración adecuada para esa sumisión: "Señor, en esta situación en la que me encuentro, si hay algo que Tú quieras que yo haga, muéstramelo y ayúdame a hacerlo. Estoy esperando en ti, apoyándome en ti. Voy a orar y alabar, pero no voy a entrar en las obras de la carne, tratando de hacer que algo suceda. Si no hay nada que yo pueda hacer para resolver esta situación, dame la gracia para dejar que sólo tú la soluciones conforme a tu divina voluntad y en tu tiempo perfecto."

Así que nuestra primera responsabilidad es confiar en Dios. La segunda, es no tratar de tomar el lugar de Dios.

No trate de jugar a ser Dios

Pero yo os digo la verdad: Os conviene que yo me vaya; porque si no me fuera, el Consolador, no vendría a vosotros; mas si me fuere, os lo enviaré. Y cuando él venga, convencerá al mundo de pecado, de justicia y de juicio.

JUAN 16:7-8

Debemos aprender a distinguir entre nuestra parte y la parte de Dios —y luego dejarle su parte a Él, rehusando "jugar a ser Dios".

Por ejemplo, no podemos cambiar a las otras personas. Lo sé porque durante años traté de cambiar a mi esposo. Mientras más trataba de cambiarlo, peor se tornaba la tensión entre nosotros. Finalmente, recibí la revelación de que *las personas no pueden cambiar a las personas*. Sólo Dios puede cambiar a la gente.

Por años, había estado tratando de hacer algo que no estaba en mis manos hacer. Lo que yo debía hacer era simplemente presentar mi esposo al Señor, creyendo que Dios haría por él lo que era mejor, a su propia manera y a su tiempo.

Es tarea del Espíritu Santo traer convicción a los pecadores. Nuestra tarea no es dejar caer pequeñas insinuaciones para hacerlos sentir culpables —como dejar la Biblia abierta justo en el lugar apropiado o poner un versículo en el espejo del baño para que lo vean.

La Biblia dice que es el Espíritu Santo quien da convicción, y convence de pecado y de justicia. Sin embargo durante años traté de convencer a mi esposo y a mis hijos de lo que yo creía que eran sus pecados. También traté de convencerlos de mi justicia. ¡No es de extrañar que siempre tuviera tantas luchas! Estaba tratando de hacer la tarea del Espíritu Santo.

Así que además de someternos nosotros mismos completamente al Señor, confiando en que Él soluciona las cosas para nosotros como Él sabe que es mejor, debemos dejar de tratar de ser Dios en nuestra propia vida y en la vida de otras personas. Debemos dejar que Dios sea Dios.

DEJE QUE DIOS SEA DIOS

¿Quién ha conocido la mente del Señor para que pueda instruirlo?
1 CORINTIOS 2:16 (NVI)

No es nuestra tarea darle a Dios orientación, consejo o dirección. En su Palabra Él deja en claro que no necesita que le informemos lo que está sucediendo ni que le digamos lo que es necesario hacer: *Porque mis pensamientos no son vuestros pensamientos, ni vuestros caminos mis caminos, dijo Jehová. Como son más altos los cielos que la tierra, así son mis caminos más altos que vuestros caminos, y mis pensamientos más que vuestros pensamientos* (Isaías 55:8-9).

Nuestra tarea es escuchar a Dios y dejar que Él nos diga lo que está sucediendo y qué tenemos que hacer al respecto —dejando el resto para que Él lo solucione según su conocimiento y su voluntad, no los nuestros.

A veces olvidamos ese hecho, así que el Señor tiene que decirnos: "¿Quién crees que eres? Vuelve a tu lugar de sumisión y deja de tratar de ser mi jefe".

Recuerdo una vez en que yo intentaba arduamente entender algo mientras Dios trataba de liberarme de esa carga de razonamiento. Finalmente, me dijo: "Joyce, ¿no te das cuenta de que si me entendieras completamente, ya no seguiría siendo Dios?"

Dios es Dios, y nosotros no lo somos. Es necesario que reconozcamos esa verdad y que nos confiemos simplemente a Él, porque Él es mayor que nosotros en todo aspecto y en toda área. Estamos creados a su imagen, pero Él todavía está sobre nosotros y más allá. Sus pensamientos y sus caminos son más altos que los nuestros. Si lo escuchamos y lo obedecemos, nos enseñará sus caminos. Pero nunca vamos a entenderlo completamente. Ni siquiera deberíamos intentarlo.

NO CUESTIONE NI CRITIQUE A DIOS

Mas antes, oh hombre, ¿quién eres tú, para que alterques con Dios? ¿Dirá el vaso de barro al que lo formó: ¿Por qué me has hecho así? ¿O no tiene

potestad el alfarero sobre el barro, para hacer de la
misma masa un vaso para honra y otro para deshonra?

ROMANOS 9:20-21

Nuestra función no es preguntarle a Dios una y otra vez.
Dios no está a prueba.

"Señor", decimos, "no entiendo por qué no respondes mis
oraciones". Pero nunca se nos ocurre que podemos estar orando fuera de la voluntad de Dios. Se ha observado que el problema más grande de los cristianos es su incapacidad de distinguir entre la voluntad de Dios y su ambición personal.

"¡Oh! Pero sé que lo que estoy pidiendo es la voluntad de
Dios".

¿Qué nos hace pensar eso? Usualmente es porque estamos
pidiendo lo que nosotros queremos, así que suponemos que
debe ser también lo que Dios quiere.

Existen muchas cosas en esta vida que no están expuestas
claramente en la Escritura, de modo que debemos tener discer-
nimiento de parte del Señor respecto a si son la voluntad de
Dios para nosotros. Y aunque fuera su voluntad, debemos con-
siderar también su tiempo, lo cual a menudo requiere paciencia y confianza de nuestra parte.

Por años luché con estos asuntos, frecuentemente porque
yo ya había decidido cómo se suponía que debían ser las cosas,
incluso antes de orar a Dios respecto a ellas. Muy a menudo
mis oraciones eran en realidad sesiones de relaciones públicas
en las cuales yo trataba de manipular a Dios para conseguir lo
que quería de Él.

Si yo no conseguía lo que había pedido en oración, suponía que era porque el diablo estaba tratando de privarme de eso.
Así que pasaba horas reprendiendo a Satanás y ordenándole

que quitara sus manos de mi respuesta y que la dejara manifestarse. Cuando eso no funcionaba, llamaba a un puñado de amigos para que oraran conmigo poniéndonos de acuerdo. Juntos orábamos y confesábamos y reprendíamos y nos poníamos de acuerdo, pero usualmente nada de eso servía. No podía entender por qué no funcionaba cuando estaba tan segura de que conocía la voluntad de Dios en esa área.

Iba al Señor y le decía: "Padre, ¿qué está mal? ¿Por qué no estás contestando mis oraciones como prometiste?"

En esencia, estaba cuestionando y criticando a Dios. Estaba diciendo: "Señor, estoy haciendo mi parte, entonces ¿por qué no estás haciendo la tuya? ¿Qué está pasando aquí?"

Finalmente el Señor me mostró en su Palabra cuál era el problema. Aunque yo estaba pidiendo, lo hacía con propósito y por motivos equivocados.

Propósitos y motivos equivocados

⁓❦⁓

¿De dónde vienen las guerras y los pleitos entre vosotros? ¿No es de vuestras pasiones, las cuales combaten en vuestros miembros? Codiciáis, y no tenéis; matáis y ardéis de envidia, y no podéis alcanzar; combatís y lucháis, pero no tenéis lo que deseáis, porque no pedís. Pedís, y no recibís, porque pedís mal, para gastar en vuestros deleites…

SANTIAGO 4:1-3

Lo primero que el Señor me mostró en este pasaje es que solemos meternos en luchas y conflictos porque tratamos de hacer que las cosas sucedan por nuestra propia cuenta en vez de simplemente pedir que se haga la voluntad de Dios.

Luego me mostró la segunda parte de este pasaje que dice que aun cuando pedimos, la razón por la cual nuestras oraciones no son contestadas es que pedimos con el propósito equivocado o por motivos equivocados.

El Señor me dijo: "Joyce, cada vez que me pides algo y no lo recibes, no es porque no quiero bendecirte o porque lo estoy reteniendo. Es porque tengo en mente algo mejor para ti, pero todavía no tienes la suficiente madurez espiritual para saber cómo pedírmelo".

DEJE QUE DIOS TOME LAS DECISIONES

Confía en Jehová, y haz el bien; y habitarás en la tierra, y te apacentarás de la verdad. Deléitate asimismo en Jehová, y él te concederá las peticiones de tu corazón. Encomienda a Jehová tu camino, y confía en él; y él hará.

SALMO 37:3-5

Desde que el Señor me habló de lo que estaba mal en la manera en que oraba, he aprendido a no pedirle nada que esté fuera de su voluntad. Si no estoy segura de cuál es su voluntad en una situación, siempre oro por lo que yo quiero tener, o lo que quisiera ver que suceda, pero continúo mi petición con esta declaración: "Señor, si lo que estoy pidiendo no es tu voluntad, por favor no me lo des. Deseo tu voluntad más que la mía".

He aprendido a buscar primero su voluntad y su justicia, confiando en que Él añadirá todas las cosas que sabe que realmente necesito, las cosas que me bendecirán y no serán una carga para mí ni me alejarán de Él.

Durante años, oré y busqué un gran ministerio. Pero Dios sabía que no era lo que yo necesitaba en ese tiempo. Todavía no estaba lista para eso: no era suficientemente madura para manejar todo lo que acarrea el éxito. Al continuar orando y buscando algo que no era apropiado para mí, todo cuanto hacía era retardar mi crecimiento. Una vez que comencé a buscar a Dios antes que un gran ministerio, mi ministerio empezó a crecer.

Durante años, busqué a Dios por prosperidad. Tenía otras necesidades que eran mayores. Necesitaba andar en amor y manifestar el fruto del Espíritu. Necesitaba ser libre del egoísmo, la terquedad, la independencia, y muchas otras cosas. Dios quería que yo diera y creyera que sus leyes de prosperidad operaban, pero no quería que pasara el tiempo buscando cosas.

Si buscamos a Dios por dinero o por cosas sin buscarlo a Él, aunque nos los conceda, tenerlos sólo nos llevará a pecar. Siempre digo que nuestras ramas no pueden ser más amplias de lo que nuestras raíces son profundas. Los árboles son similares: por lejos que se extiendan las ramas, que es la parte que vemos, debajo de la superficie del suelo, donde no podemos ver, las raíces se desarrollan tan profundamente como la amplitud de las ramas. De lo contrario el árbol podría caerse durante una tormenta.

Si nuestra vida espiritual no es tan profunda como nuestras bendiciones exteriores, sólo nos metemos en problemas. Nuestra madurez espiritual debe corresponder a nuestro éxito y prosperidad. Dios debe llegar a ser y seguir siendo primero en nuestra vida para que todo lo demás opere adecuadamente.

En Deuteronomio 8 vemos que Dios les dio una advertencia a los israelitas. Les dijo que Él los iba a bendecir y después agregó esto: *Mas si llegares a olvidarte de Jehová tu Dios y anduvieres en pos de dioses ajenos, y les sirvieres y a ellos te inclinares, yo lo afirmo hoy contra vosotros, que de cierto pereceréis* (v. 19).

Muchas cosas pueden volverse dioses para nosotros. Un empleo que una persona creyó que Dios le ayudó a conseguir puede transformarse en dios para ella. Un ministerio, un hogar, un cónyuge, los hijos –literalmente una bendición del Señor, pueden meternos en problemas si no mantenemos nuestras vidas en equilibrio, y convertimos la bendición en un dios. Debemos examinar con frecuencia nuestras prioridades y asegurarnos de que estén en el orden apropiado.

Constituye una gran liberación entregar a Dios la gestión de nuestra vida. ¿Significa eso que debemos estar pasivos y dejar de resistir al enemigo cuando nos ataca? No, de ningún modo. Simplemente significa que debemos encomendarnos a Dios y poner nuestra confianza en Él. Debemos esperar en Él y escucharlo. Él nos mostrará cuando es necesario que nos levantemos contra los espíritus malignos que vienen a engañarnos y destruirnos. Si lo escuchamos a Él, no seremos tan apresurados para comenzar a reprender en cada situación que surge o en cada circunstancia en que nos hallemos.

La voluntad de Dios es bendecirnos, pero no necesariamente a nuestra manera. A veces lo que pensamos que sería una bendición maravillosa no nos bendeciría en absoluto.

En toda nuestra búsqueda, luchas, y esfuerzos –aun en oración– debemos tener cuidado de no engendrar Ismaeles. Si lo hacemos, tendremos que pasar el resto de nuestros días cuidándolos. En cambio, debemos aprender a esperar que Dios nos ayude a dar a luz a los Isaacs en nuestra vida. Ellos nos resultarán una bendición durante todo el tiempo que vivamos.

No luche con su Hacedor

¡Ay del que contiende con su Hacedor! ¡Ay del que no es más que un tiesto entre los tiestos de la tierra! ¿Acaso el barro le reclama al alfarero: «¡Fíjate en lo que haces! ¡Tu vasija no tiene agarraderas!»? ¡Ay del que le reprocha a su padre: «¡Mira lo que has engendrado!»! ¡Ay del que le reclama a su madre: «¡Mira lo que has dado a luz!»! Así dice el Señor, el Santo de Israel, su artífice: «¿Van acaso a pedirme cuentas del futuro de mis hijos, o a darme órdenes sobre la obra de mis manos?

ISAÍAS 45:9-11 (NVI)

En Romanos 9:20-21 vimos que no debemos criticar, contradecir, o responderle a Dios. No tenemos que preguntarle: "¿Por qué me hiciste así?"

Durante años, no me gustaba como yo era, la manera en que Dios me había formado. No me gustaba mi personalidad fuerte, agresiva, enérgica. Deseaba ser dulce, mansa y tranquila —porque las personas dulces, mansas y tranquilas no se meten en tantos problemas como la gente como yo.

A decir verdad, no me gustaba nada de mí misma. Así que oraba y le preguntaba a Dios: "¿Por qué me has hecho así? Es tan fácil para Dave echar su ansiedad, y yo parezco preocuparme por todo. ¿Por qué Dios, por qué? ¿Por qué me diste esta voz tan grave? ¿No podía tener una linda y dulce vocecita como tiene la mayoría de las damas?"

El hecho es que mi voz se ha transformado en una bendición porque llama la atención. No puedo recordar la cantidad de personas que me han dicho: "Estaba moviendo el dial de la radio cuando de pronto oí esa voz..." En realidad, es tan imponente que Carman, el popular cantante cristiano, se refiere a mí como "la Voz".

Pero en ese tiempo en que oraba a Dios y peleaba con mi Hacedor acerca de cómo me había formado, yo no comprendía. Todo lo que quería saber era por qué no podía ser "normal", por qué no podía estar contenta con quedarme y ocuparme de la casa, cultivar tomates, lavar, planchar y coser.

Realmente no quería hacer esas cosas comunes, quería tener un gran ministerio. Pero parecía que no tenía lo que se requiere para ello. Así que clamé a Dios, preguntándole por qué me hizo así en vez de hacerme como yo quería ser.

¿Quién puede decirnos por qué Dios nos forma como lo hace? Pero Él es el Alfarero, y nosotros la arcilla. No es asunto nuestro por qué Él nos forma y moldea así.

No sólo cuestionamos a Dios acerca de por qué nos ha hecho así, sino que también le cuestionamos por qué hizo a los demás como son.

Al comienzo de nuestro matrimonio, mi esposo Dave oraba y le preguntaba a Dios: "Señor, ¿por qué le diste a Joyce el don de predicar en vez de a mí?" Ninguno de los dos podía entender por qué Dios parecía haber invertido el orden en nuestro caso. Me dio el don de predicar y enseñar, y a Dave el don de administrar y apoyar. Eso no nos parecía "normal". No era la manera en que funcionaban otros equipos ministeriales de esposo-esposa que conocíamos. Pero mientras Dave y yo estuvimos cuestionándole al Señor al respecto estuvimos abatidos.

Mientras usted y yo contendamos con Dios y luchemos con nuestro Hacedor seremos infelices. Una vez que aceptamos la voluntad de Dios, como Dave y yo finalmente hicimos, entonces podemos ser bendecidos y usados por Él como Él lo considere apropiado.

En Romanos 9:21 Pablo pregunta: "¿O no tiene potestad el alfarero sobre el barro, para hacer de la misma masa un vaso para honra y otro para deshonra?" Eso nos significa deshonra ante los ojos de Dios. Significa deshonra a los ojos de quienes no entienden el propósito de Dios, los que piensan que algunas personas son más honorables y algunos trabajos más importantes que otros.

Algunos pueden mirarme y pensar que mi trabajo es más importante que el de Dave sencillamente porque estoy frente al micrófono y la cámara, y él está detrás. Pero estamos donde estamos porque Dios nos ha colocado allí. Yo no pedí esta posición de prominencia ni tampoco Dave el estar detrás de la escena en el ministerio de ayuda. Pero cada uno debe aceptar el rol que Dios nos ha asignado y someternos a Él para que nos moldee y nos haga conforme a su voluntad y a su plan, no a los nuestros.

Tenemos que recordar que mientras funcionamos en la posición para la cual Dios nos ha creado, su gracia está con nosotros. Pero en el momento en que salimos del rol ordenado por Dios, operamos fuera de su unción.

Nunca debemos olvidar que...*somos hechura suya, creados en Cristo Jesús para buenas obras, las cuales Dios preparó de antemano para que anduviésemos en ellas* (Efesios 2:10). No debemos cuestionar a Dios ni criticarlo, contradecirlo, responderle ni luchar con Él.

En 1 Corintios 13:12 se nos dice que ahora sólo conocemos en parte. Ésa es la mejor respuesta que encontramos a la pregunta de por qué Dios hace todo como lo hace. No nos compete cuestionar a Dios, ni siquiera tratar de explicarlo. Nuestra tarea es confiar en Él, obedecerle y echar toda nuestra ansiedad sobre Él.

Las primeras tres responsabilidades

⟨❧⟩

Tú, por el contrario…; cumple con los deberes de
tu ministerio.

2 TIMOTEO 4:5 (NVI)

Como ministros del evangelio de Jesucristo, que es lo que
todos estamos llamados a ser, tenemos ciertos deberes básicos
o responsabilidades.

Ya hemos discutido nuestra primera responsabilidad que es
confiar en Dios. Nuestra segunda responsabilidad es orar sin preocuparnos. Nuestra tercera responsabilidad es evitar las obras de
la carne.

Cuando hay algo que nos preocupa grandemente, como la
salvación de nuestro cónyuge o hijos, podemos tomárnoslo tan
a pecho que nos volvemos obsesivos al respecto, hasta en nuestra vida de oración. La oración excesiva, especialmente en el
área de la guerra espiritual, puede transformarse en sólo otra
obra de la carne.

En mi vida ha habido ciertos familiares por los cuales he
orado durante meses o años. Pero no oraba por cada uno de ellos
por nombre todos los días. Podría orar por uno de ellos un día
en particular y luego pasaría un año entero sin orar específicamente por esa persona otra vez. Después de repente podría ser
movida a llorar y gemir por ese individuo aunque no lo hubiera
visto durante meses. No hacía eso todos los días, solamente
cuando me sentía guiada por el Espíritu Santo para hacerlo.

En nuestras oraciones, como en todo otro aspecto de nuestra vida cristiana, no debemos temer ser guiados por el Espíritu.

A veces si no sentimos que el Espíritu de Dios nos está guiando a hacer algo, nos guiamos nosotros a hacerlo. Después de todo, razonamos, deberíamos estar haciendo algo. Parece que tenemos la idea errónea de que si no estamos haciendo algo activamente Dios no puede actuar. Olvidamos que tenemos que echar sobre Él nuestra ansiedad no nuestra responsabilidad.

Nuestra responsabilidad es confiar, orar sin preocuparnos, y evitar las obras de la carne. Cuando vamos más allá de nuestra responsabilidad y comenzamos a orar *y* a preocuparnos, anulamos nuestras oraciones. Se transforman sólo en obras de la carne, un intento de cambiar las cosas por nuestra propia energía y esfuerzo.

LA FRUSTRACIÓN ES IGUAL A LAS OBRAS DE LA CARNE

No hago nula la gracia de Dios…
GÁLATAS 2:21 (LBLA)

Dios no está en contra del *trabajo*, sino en contra de las *obras*. Hay una diferencia.

Trabajo es hacer por la gracia de Dios lo que Él nos ha llamado a hacer. Es el gasto de nuestra energía y esfuerzo para ver que la voluntad de Dios se realiza en nuestra vida. Pero *obras* es hacer por nuestra propia fuerza y capacidad lo que queremos que se haga. Es el gasto de nuestra energía y esfuerzo en tratar de hacer que ocurra lo que solamente Dios puede hacer que ocurra.

Cuando hacemos el trabajo que Dios nos ha llamado a hacer, Él nos da energía sobrehumana.

En nuestras reuniones, a veces trabajamos hasta muy tarde por la noche ministrando a personas. Al día siguiente tenemos que levantarnos a las seis, y preparar todo para movernos hacia el próximo destino. Físicamente podemos estar cansados, pero espiritualmente estamos renovados y reconfortados por el Espíritu del Señor. Ése es un buen ejemplo de la diferencia que existe entre las obras de la carne y la obra del Espíritu. Trabajamos duramente pero buscamos evitar las obras de la carne.

Las obras de la carne incluyen la preocupación, el razonamiento, y tratar de resolver qué hacer para que las cosas sucedan según nuestra voluntad y tiempo. Son uno de los más grandes problemas del pueblo de Dios hoy en día.

Como hemos visto, lo opuesto de las obras es la gracia. Mientras estemos tratando de vivir la vida cristiana por las obras de la carne, nunca vamos a ser realmente, verdaderamente felices.

El diablo usa las obras de la carne para robarnos nuestro gozo. Satanás no quiere vernos llenos de satisfacción, paz y descanso. Quiere que estemos preocupados, confundidos, y alterados. En vez de que confiemos en el Señor y esperemos en Él para movernos a su propia manera y tiempo, el diablo quiere que tomemos las cosas en nuestras propias manos, como Abraham y Sara en el Antiguo Testamento.

ECHAR NUESTRA RESPONSABILIDAD

⟨⚮⟩

Entonces Sarai dijo a Abram: Mi afrenta sea sobre ti; yo te di mi sierva por mujer, y viéndose encinta,

me mira con desprecio; juzgue Jehová entre tú y
yo. Y respondió Abram a Sarai: He aquí, tu sierva está en tu mano; haz con ella lo que bien te
parezca...

GÉNESIS 16:5-6

En la Parte 1, leímos cómo Sara, desesperada por tener un
hijo suyo en su vejez, sugirió a Abraham que tomara a Agar, la
sierva egipcia, como su "esposa secundaria" y tuviera un hijo de
ella. Abraham estuvo de acuerdo e hizo como sugirió Sara.

En Génesis 16:5-6 vemos las consecuencias inmediatas de
esa acción. Tan pronto como Agar quedó embarazada del hijo
de Abraham, menospreció a Sara y comenzó a tratarla con des-
dén. Sara se quejó a Abraham diciendo: "¡Que la responsabilidad por esta terrible situación sea sobre ti!"

En principio esa acusación puede parecer totalmente injus-
ta e injustificada. Después de todo, no fue idea de Abraham
tener un hijo con Agar, fue idea de Sara. Pero en cierto sentido, Sara tenía razón; Abraham tenía la culpa. ¿Por qué? Porque
al estar de acuerdo con la sugerencia de Sara falló en cumplir
la responsabilidad que le había dado Dios. En vez de esperar que
el Señor creara sobrenaturalmente al heredero de la promesa,
Abraham se unió a su esposa en un insensato intento de tener
un heredero por sí mismo por medio del esfuerzo totalmente
humano. El resultado fue problemas e infelicidad para todos
los involucrados: Sara, Abraham, Agar, Ismael, e Isaac.

La razón por la que Abraham falló en cumplir su responsabilidad es que fue pasivo. En vez de echar realmente su ansiedad
sobre el Señor y confiar en que Él realizaría su plan divino,
Abraham siguió adelante con el equivocado intento de su esposa.

Ese suele ser nuestro problema. En vez de echar nuestra
ansiedad sobre el Señor, echamos nuestra responsabilidad.

Nos volvemos pasivos, con frecuencia por pereza. Parece ser demasiado complicado pararse en la Palabra de Dios y esperar que Él actúe a nuestro favor mientras confiamos con seguridad en Él.

Cuando Sara apareció con la idea de tratar de producir un hijo de Abraham y Agar, Abraham pasivamente siguió adelante con esa idea. Más tarde, cuando Agar quedó embarazada y trató cruelmente a Sara, Abraham nuevamente se sacó de encima su responsabilidad al decirle a Sara: "He aquí, tu sierva está en tu mano; haz con ella lo que bien te parezca."

Así como falló en corregir a Sara cuando ella le hizo su insensata sugerencia, Abraham también rehusó involucrarse cuando esa sugerencia produjo problemas en la casa. En ambos casos, evitó su responsabilidad dada por Dios al tratar de pasársela a su esposa. Lo mismo sucedió con Adán en el Jardín del Edén.

Cuando Dios le preguntó a Adán sobre el comer del árbol prohibido del conocimiento del bien y del mal, la excusa de Adán fue: ...*La mujer que me diste por compañera me dio del árbol, y yo comí* (Génesis 3:12). Como Abraham, Adán trató de quitarse la responsabilidad para pasarla a su esposa. Hasta llegó a implicar que la culpa fue de Dios en primer lugar por darle a Eva.

Con demasiada frecuencia hoy en día los hombres tratan de evitar aceptar su responsabilidad personal trasladándola a otros, usualmente sus esposas o hasta Dios. Creo que el diablo ha hecho un magnífico trabajo al lograr que los hombres sean espiritualmente pasivos y dejen la responsabilidad por los asuntos espirituales a las mujeres de sus vidas. Gracias a Dios, estamos viendo un cambio, como más y más hombres comienzan a buscar a Dios y se transforman en líderes espirituales de sus matrimonios y sus familias.

Las últimas tres responsabilidades

❦

Ocúpate de la tarea que recibiste en el Señor, y llévala a cabo.

Colosenses 4:17 (nvi)

De modo que nuestras tres primeras tareas o responsabilidades son confiar en Dios, orar sin preocuparnos, y evitar las obras de la carne.

Nuestras tres últimas tareas o responsabilidades son continuar obedeciendo durante el tiempo de espera, continuar dando buen fruto, y ofrecer a Dios sacrificio de alabanza. Veamos cada una de estas tres por separado.

Continuar obedeciendo

❦

Haced todo lo que os dijere.

Juan 2:5

El primer milagro de Jesús registrado tuvo lugar cuando Él asistía a la celebración de una boda. Cuando a la pareja se le acabó el vino para servir a sus invitados, María le pidió a su Hijo que hiciera algo al respecto, diciendo a los sirvientes: "Hagan todo lo que Él les diga". Jesús les ordenó que llenaran de agua varias tinajas grandes. Cuando lo hicieron, les mandó que extrajeran de las vasijas el agua, que para entonces milagrosamente se había convertido en vino (vv. 1-11). Por obedecerle, fue satisfecha la necesidad física de muchos ese día.

La primera regla de los milagros es la obediencia.

Si usted está buscando un milagro en su vida, asegúrese de que está plantando semillas de obediencia, porque el Señor nos ha prometido que si hacemos así con paciente confianza y esperamos en Él, finalmente cosecharemos: *No nos cansemos, pues, de hacer bien; porque a su tiempo segaremos, si no desmayamos* (Gálatas 6:9).

A veces cuando las cosas no están funcionando de la manera en que pensamos que deberían, o no estamos recibiendo las respuestas a nuestras oraciones tan pronto como nos gustaría, tenemos la idea: "Bueno, ya que Dios no está haciendo nada, ¿qué debería hacer yo? ¿Por qué debería ser obediente si no está produciendo ningún resultado?" En tales momentos debemos darnos cuenta de que Dios siempre está trabajando. Puede ser que no lo veamos, porque Él usualmente trabaja en secreto.

EL TRABAJO SECRETO DE DIOS

No fue encubierto de ti mi cuerpo, Bien que en oculto fui formado, y entretejido en lo más profundo de la tierra. Mi embrión vieron tus ojos, y en tu libro estaban escritas todas aquellas cosas que fueron luego formadas, sin faltar una de ellas.

SALMO 139:15-16

El salmista escribió que mucho antes de su efectiva aparición en este mundo, él estaba siendo formado en secreto por el Señor.

Dios realizó una obra perfecta en la formación de David, rey de Israel, así como está realizando una obra perfecta en nuestras vidas. David no hizo su aparición en este mundo hasta que el Señor determinó que era el tiempo exacto. De la misma manera, Dios dará a luz su perfecta obra en nosotros cuando sepa que todo esté bien para nosotros.

Aunque parezca que Dios no está haciendo nada, Él está obrando secretamente detrás de la escena. Puede ser que no lo oigamos o no lo veamos, pero podemos aceptarlo por fe.

Si usted desea algo que lo anime en medio de todas sus pruebas y problemas, consiga una buena concordancia bíblica y busque cada referencia a las palabras *trabajo(s), trabajó, trabajando*, etc. Verá inmediatamente que nuestro Dios es un Dios que trabaja, como nos dijo Jesús en Juan 5:17: "... Mi Padre hasta ahora trabaja, y yo trabajo".

En este mismo momento mientras usted lee este libro, Dios está obrando en su vida y en su situación actual, si usted lo cree: *...conforme a vuestra fe sea hecho* (Mateo 9:29).

Si ha echado toda su ansiedad sobre el Señor y ha dejado que Él se haga cargo, Él está obrando a su favor ahora mismo. Desea que usted le desate las manos. Lo hace al rehusar preocuparse y al morar en el lugar secreto del Altísimo, escondido y a salvo, seguro bajo la sombra de sus alas.

Mientras usted permanece en el Señor y descansa en su paz, esperando que Él haga su parte, la parte suya es continuar dando buen fruto para su Reino.

Continuar dando buen fruto

Bendito el varón que confía en Jehová, y cuya confianza es Jehová. Porque será como el árbol plantado junto a las aguas, que junto a la corriente echará sus raíces, y no verá cuando viene el calor, sino que su hoja estará verde; y en el año de sequía no se fatigará, ni dejará de dar fruto.

JEREMÍAS 17:7-8

Mientras usted y yo esperamos en el Señor, es necesario que demos buen fruto. Deberíamos ser como un árbol plantado junto a las aguas, extrayendo fuerza y vida de su fuente porque sus raíces se hunden profundamente en el suelo. Aun en tiempos de sequía ese árbol continúa dando buen fruto.

Si usted y yo estamos plantados firmemente en Jesucristo y arraigados profundamente en su amor (Efesios 3:17), aunque podamos tener toda clase de problemas en nuestra vida, todavía daremos el fruto del Espíritu descrito en Gálatas 5:22-23: *"…amor, gozo, paz, paciencia, benignidad, bondad, fe, mansedumbre, templanza; contra tales cosas no hay ley.*

Algunas veces parecemos pensar que como estamos atravesando tiempos difíciles tenemos permiso para estar amargados y de mal genio. Esa clase de actitud y conducta no nos traerá la respuesta. La Biblia enseña que no debemos acceder a tales "tendencias pecaminosas" (Santiago 4:6), sino más bien continuar dando buen fruto, dando gracias y alabando a Dios aun en medio de las circunstancias negativas.

OFRECER SACRIFICIO DE ALABANZA

Así que, ofrezcamos siempre a Dios, por medio de
él, sacrificio de alabanza, es decir, fruto de labios
que confiesan su nombre.

HEBREOS 13:15

En el Salmo 139:15-16 vimos que David reconocía que
Dios había estado trabajando secretamente en su vida desde
antes de su nacimiento. En los versículos 13 y 14 alabó al
Señor por quien Él es y por sus maravillosas obras a su favor
*...porque tú formaste mis entrañas; Tú me hiciste en el vientre de
mi madre. Te alabaré; porque formidables, maravillosas son tus
obras; Estoy maravillado, y mi alma lo sabe muy bien.*

Eso es lo que tenemos que hacer en medio de nuestros
problemas. Mientras estamos esperando que nuestras oraciones sean respondidas, debemos ofrecer continuamente a Dios
fruto de labios que lo reconocen con gratitud, confiesan y
glorifican su nombre.

No es nuestra responsabilidad preocuparnos, inquietarnos, o tratar de jugar a ser Dios tomando en nuestras manos
cosas que se le deben dejar sólo a Él. En cambio, es nuestra
responsabilidad echar nuestra ansiedad sobre el Señor, confiar en él, orar sin preocuparnos, evitar las obras de la carne,
continuar obedeciendo, producir buen fruto, y ofrecerle
sacrificio de alabanza.

8

⚭

ESTO TAMBIÉN PASARÁ

...y sucederá...

GÉNESIS 4:14

En los primeros capítulos del libro de Génesis vemos una palabra profética acerca de que "sucederían" cosas. En el cumplimiento de esta palabra, la expresión "y sucederá" se usa cientos de veces en la Biblia, en la versión en inglés *King James Version*. Por ejemplo, en Génesis 39 KJV, que describe algunas de las experiencias de José en Egipto, adonde fue vendido como esclavo y llegó a ser segundo en autoridad en toda la nación, la frase "y sucedió" aparece ochenta veces. El último libro de la Biblia, Apocalipsis, habla de *...cosas que deben suceder pronto...* (Apocalipsis 1:1).

Eso debería decirnos que en esta vida todo lo que existe ahora, o existirá en el futuro, no es permanente, sino temporal. La buena noticia es que, no importa cuán sombría sea nuestra situación o panorama actual, Dios nos asegura: "Esto también pasará".

La vida es un proceso continuo en el cual todo está cambiando constantemente. Si podemos asirnos de esa verdad, ella nos ayudará a atravesar los tiempos difíciles en que nos encontremos. También nos ayudará a no aferrarnos demasiado a los buenos tiempos, pensando: "Si perdiera todo esto, no podría seguir".

Dios quiere que disfrutemos de toda la vida, no sólo la meta, sino también el viaje mismo.

¡Disfrute el viaje!

Esto es lo que he comprobado: que en esta vida lo mejor es comer y beber, y disfrutar del fruto de nuestros afanes. Es lo que Dios nos ha concedido; es lo que nos ha tocado.

ECLESIASTÉS 5:18 (NVI)

Hace años, la iglesia a la que pertenecía mi esposo en ese momento ofrecía un curso bíblico de nueve meses llamado "Programa Eliseo". Dave y yo nos inscribimos pues sentíamos que era voluntad de Dios que comenzáramos nuestra preparación para el ministerio. El curso nos reunía dos o tres noches por semana, lo cual significaba una carga, especialmente para Dave que trabajaba mucho durante el día.

Ese curso parecía una tarea mayúscula hasta que el Señor me dio una visión respecto a tener metas y alcanzarlas. En la visión contemplaba delante de mí el horizonte, que en este caso representaba la graduación del curso. Mientras me movía hacia el horizonte en la visión, éste se desvanecía y surgía otro.

El Señor me estaba mostrando que en nuestras vidas siempre vamos a estar moviéndonos hacia alguna meta u objetivo. Tan pronto como alcancemos uno, ya habrá otro. Como creyentes siempre estamos extendiendo nuestra fe hacia algo. Sea lo que fuere que esperemos de Dios ahora, puede haberse manifestado dentro de un año, pero para entonces estaremos esperando en Dios por alguna otra cosa. El Señor me estaba enseñando que, ya que vamos a pasar toda nuestra vida esperando algo, deberíamos aprender a disfrutar la vida a medida que se despliega. Si no lo hacemos, la vida se nos irá y nunca habremos disfrutado del momento presente.

No menosprecie el día de las pequeñeces

Aquellos que no tomaron en serio los pequeños comienzos [...] los que menospreciaron el día de las pequeñeces.

ZACARÍAS 4:10 (DIOS HABLA HOY)

Malgasté años sintiéndome abatida donde me encontraba, esperando llegar al próximo horizonte, antes de comenzar realmente a disfrutar la vida.

Cuando miro atrás a los primeros año de mi ministerio, puedo recordar "el día de los pequeños comienzos", a los cuales habría sido muy fácil menospreciar. Cuando comencé, mis reuniones congregaban a un puñado de personas, quizás cincuenta como máximo. Es tan difícil predicarles a cincuenta como a cinco mil, de modo que entonces tenía que invertir en las lecciones la misma cantidad de tiempo y esfuerzo que ahora.

Cuando mi equipo ministerial comenzó a viajar, necesitamos un vehículo que nos llevara a nosotros y a nuestro equipamiento de un lugar a otro. La primera camioneta que compramos nos costó dos mil seiscientos dólares. Tenía neumáticos gastados y manchas de óxido. Dejamos St. Louis, nuestra ciudad natal, en Missouri, y fuimos a un pequeño lugar de Illinois llamado Quincy, donde había entre 70 y 125 personas que asistían a nuestra reunión.

Como no teníamos dinero suficiente para pasar la noche en un motel, teníamos que conducir de regreso a casa cuando las reuniones terminaban. Usualmente llegábamos alrededor de las tres de la mañana. Camino a casa estábamos tan cansados que teníamos que salir a un costado de la ruta y dormir diez o quince minutos antes de continuar.

Detestaba esos días mientras transcurrían, pero ahora puedo comprender su valor. Eran importantes porque constituían tiempos de preparación para los mejores días que el Señor sabía que estaban por delante. Sinceramente creo que mi ministerio no habría crecido al punto de alcanzar a tanta gente como lo hace hoy si no hubiera sido fiel al atravesar las penurias de esos primeros tiempos.

Es triste ver hoy en día que muchas personas abandonan en los tiempos difíciles y nunca logran deleitarse en el fruto de toda su labor.

Es fácil comenzar algo, pero terminarlo es mucho más difícil. Al comienzo estamos llenos de emoción, y generalmente tenemos toda clase de apoyo entusiasta. Todos nos animan. Pero cuando pasan los días y la causa grande y gloriosa se transforma en una cuestión de duro y constante trabajo cotidiano, solemos quedarnos sin nadie que nos apoye y nos aliente, excepto nosotros mismos y Dios.

Es entonces cuando tenemos que decidir si seguiremos hasta ver el final. Es entonces cuando debemos darnos cuenta de que un día todo lo que estamos atravesando pasará y gozaremos del fruto de nuestra labor. Entretanto, es necesario que nos gocemos donde estamos mientras seguimos yendo hacia donde vamos.

"¡ES ESTO!"

Seis días después, Jesús tomó a Pedro, a Jacobo y a Juan, y los llevó aparte solos a un monte alto; y se transfiguró delante de ellos. Y sus vestidos se volvieron resplandecientes, muy blancos, como la nieve, tanto que ningún lavador en la tierra los puede hacer tan blancos. Y les apareció Elías con Moisés, que hablaban con Jesús. Entonces Pedro dijo a Jesús: Maestro, bueno es para nosotros que estemos aquí; y hagamos tres enramadas, una para ti, otra para Moisés, y otra para Elías. Porque no sabía lo que hablaba, pues estaban espantados.

MARCOS 9: 2-6

Me sentí muy animada cuando leí sobre Pedro. ¿Quién más podía haber tenido la audacia de hablar en una situación como ésa? Nadie sino Pedro —y quizás yo.

¿Puede imaginar la escena? Jesús está siendo transfigurado delante de los propios ojos de los atónitos discípulos, y manteniendo una conversación con Elías y Moisés —y Pedro "se entromete en la conversación". En su balbuciente y burbujeante entusiasmo, ofrece construir tiendas para los tres. Aunque realmente no sabe lo que está diciendo, lo que significa es: "¡Esto es! ¡No hay otro lugar donde ir! ¡Esto es grandioso! ¡Acampemos aquí!"

Eso es exactamente lo que pensé cuando recibí el bautismo en el Espíritu Santo: "¡Es esto! ¡No hay nada mejor que esto!" Pero pronto descubrí que había otras cosas que Dios deseaba hacer en mi vida.

Es interesante para mí que en los Evangelios nunca encontramos a Jesús diciendo: "¡Es *esto*!" En cambio, lo encontramos a menudo diciendo: "Esto es *aquello* que fue profetizado y ahora ha sucedido". Luego sigue adelante.

Uno de nuestros problemas es que quedamos atrapados en esta mentalidad de "¡Es esto!" Nos gusta pensar que las cosas, especialmente las placenteras, nunca van a cambiar. Cuando ganamos una victoria, nos gusta pensar que es el fin de los problemas, y que nunca tendremos que pelear otra batalla. Pero el Señor está tratando de decirnos que no es así. Tan pronto como superamos un problema, tendremos otro por vencer.

Una estación siempre lleva a otra.

Si la situación en que nos encontramos en este momento no es muy placentera, al menos nos preparará para la próxima, la cual puede ser más de nuestro agrado. De la misma manera, una situación agradable puede tener que cambiar por un tiempo a fin de que podamos estar listos para algo todavía mejor. Eso ha ocurrido en mi vida.

Una vez, en una iglesia de St. Louis, tuve un empleo que pensé que nunca dejaría. Durante mucho tiempo había sido parte de ese hermoso grupito de personas a quienes amaba y admiraba tanto. Mi nombre estaba en la puerta de mi oficina y en mi lugar de estacionamiento, y además tenía un asiento en primera fila en el santuario. ¡Me sentía importante! Habría sido totalmente feliz de permanecer allí el resto de mi vida —pero Dios tenía otras ideas para mí.

Así que me fue muy difícil dejar ese lugar y esa situación que amaba tanto, pero ahora estoy viendo el cumplimiento del plan de Dios al haber renunciado para seguir adelante con Él.

Cuando el Señor me llamó por primera vez para que dejara esa iglesia e iniciara mi propio ministerio, al principio las cosas no anduvieron para nada bien. Dejé una cómoda posición en un ambiente estable para ir de un lado al otro por el campo en una camioneta herrumbrada con cuatro neumáticos gastados, sin dinero, sin un lugar para dormir por la noche —y el número de personas que acudía a escucharme tampoco era muy grande.

Recuerdo un lugar en el que prediqué donde la audiencia total no era de más de veinte personas —y todos parecían estar muertos. Sentía que estaba predicando en un funeral. De hecho, he estado en funerales más alegres que ese servicio.

Era tan desalentador ponerse de pie y tratar de decirle a ese puñado de gente indiferente algo que iba a marcar una diferencia en sus vidas. Por fin, al terminar la reunión pensé ir a la mesa de los casetes y animarme al encontrar cuántos habíamos vendido.

"¿Vendiste muchos casetes?" le pregunté a Dave, que estaba encargado de la mesa.

"No", respondió, "pero alguien devolvió uno".

En ese deprimente servicio, no sólo sentía que no había alcanzado a la escasa audiencia, sino que no había vendido ni un solo casete de enseñanza. ¡PERO ALGUIEN DEVOLVIÓ UNO! Qué ofensa. Estaba tan desanimada y avergonzada que quería correr y esconderme. Tenía ganas de renunciar.

La iglesia también había preparado una cena para mí después del servicio en un restaurante local. Habían invitado a todo el personal de la iglesia y a otras personas que conocían, así como a Dave y a mí. Cuando llegamos al restaurante solamente apareció el cuarenta por ciento de los invitados. Hasta la cena fue un fracaso. En ese tiempo no podía entender por qué tenía que suceder esta clase de cosas. ¿Por qué, Dios, por qué?

Más tarde, me di cuenta de que esa clase de cosas tenían que ocurrir a fin de prepararme para lo que está sucediendo ahora en mi ministerio. Actualmente estamos disfrutando un éxito fenomenal y un crecimiento explosivo. Antes de poder gozar del fruto de mi labor para el Señor, tenía que pasar por algunas dificultades. Estos tiempos de prueba nos ayudan a arraigarnos más profundamente en Dios. Ellos producen humildad en nosotros y nos hacen muy agradecidos cuando llegan las bendiciones. Tenía que crecer y desarrollarme. Como todos los hijos de Dios, tenía que pasar por entrenamiento, corrección y disciplina.

DIOS A QUIEN AMA DISCIPLINA

Si soportáis la disciplina, Dios os trata como a hijos; porque ¿qué hijo es aquel a quien el padre no disciplina? Pero si se os deja sin disciplina, de la cual todos han sido participantes, entonces sois bastardos, y no hijos. Por otra parte, tuvimos a nuestros padres terrenales que nos disciplinaban, y los venerábamos. ¿Por qué no obedeceremos mucho mejor al Padre de los espíritus, y viviremos? Y aquellos, ciertamente por pocos días nos disciplinaban como a ellos les parecía, pero éste para lo que nos es provechoso, para que participemos de su santidad. Es verdad que ninguna disciplina al presente parece ser causa de gozo, sino de tristeza; *pero después* da fruto apacible de justicia a los que en ella han sido ejercitados.

HEBREOS 12:7-11 (ÉNFASIS DE LA AUTORA)

En el versículo 11 notemos la frase "pero después". Ningún adiestramiento, corrección o disciplina parece placentero en el momento en que se nos imparte, "pero después" llegamos a apreciarlo.

LAS PROMESAS DE DIOS

Por cuanto en mí ha puesto su amor, yo también lo libraré; le pondré en alto, por cuanto ha conocido mi nombre. Me invocará, y yo le responderé; con él estaré yo en la angustia; lo libraré y le glorificaré. Lo saciaré de larga vida, y le mostraré mi salvación.

SALMO 91:14-16

En este pasaje, Dios nos promete tres cosas si estamos en problemas: 1) Él estará con nosotros, 2) nos librará y nos glorificará, y 3) nos concederá larga vida y nos mostrará su salvación.

Creo que el mensaje que el Señor nos da en estos versículos es simplemente este: "No importa lo que estés pasando en este momento, tarde o temprano pasará. Algún día todo se acabará y completará. Entretanto, echa tu ansiedad sobre mí y confía en mí para que todas las cosas resulten para bien".

ESTO TAMBIÉN PASARÁ

El cielo y la tierra pasarán, pero mis palabras no pasarán.

MARCOS 13:31

Cuando mis tres hijos eran pequeños, pensé que me iban a enloquecer, especialmente mi hija Laura.

Yo era la Señora Pulcritud y Limpieza. Para mí, había un lugar para cada cosa, y se suponía que cada cosa debía estar en su lugar. Laura no tenía nada de eso. Su personalidad era totalmente diferente de la mía. Desde el momento en que entraba a la casa, uno de sus zapatos volaba en una dirección, y el otro, en otra dirección. Desde la puerta de entrada, comenzaba a desparramar las llaves del auto, la cartera, los libros, la ropa. Si quería saber dónde estaba Laura, todo cuanto tenía que hacer era seguir el rastro de sus pertenencias a través de la casa.

Pero finalmente "pasó" que Laura creció, se casó y comenzó su propia familia. Cuando tuvo su propio hogar, descubrió que si no arreglaba su desorden éste permanecería allí para siempre. Así que "sucedió" que comenzó a limpiar lo que ensuciaba.

Ahora cuando voy a visitarla, todo está hermoso y limpio. Tenemos una maravillosa relación. Ella es una de mis mejores amigas, y pasamos mucho tiempo juntas.

Pero cuando ella era más joven, yo pensaba: "¡No puedo soportar esto!" Cuántas veces le dije al Señor: "Padre, tienes que hacer algo con mi hija. ¡Tienes que cambiarla!" Desde entonces he aprendido que Dios no siempre cambia a la gente que queremos que cambie; en lugar de eso, suele usarla para cambiarnos a nosotros.

Por último, comprendí que lo que muchas veces consideramos nuestro peor enemigo, es en realidad nuestro mejor amigo. En mi caso, esos años difíciles, que ya han "pasado". Pensaba que esos años nunca acabarían, pero lo hicieron, y me transformaron en una persona mejor. Dios utiliza para cambiarnos cosas que pensamos que, rotundamente, son demasiado difíciles de soportar.

Una vez, una mujer vino hacia mí desanimada porque estaba embarazada y ya tenía una casa llena de niños. Como era cristiana, deseaba la voluntad de Dios, pero a la vez no quería tener ese bebé. Realmente estaba acongojada.

"Esto también pasará", le dije. "Sólo piense: dentro de unos pocos meses usted tendrá un pequeño y lindo bebé, y lo amará tanto que todo estará bien."

Eso pareció resolver el asunto para ella.

A veces, debemos mirar adelante con los ojos de la fe, hacia el momento en que la situación haya sido superada.

Cuando Dios esté tratando con usted, no mire el adiestramiento, la corrección, y la disciplina que al momento está atravesando. Mire el fruto que va a producir "después". Cuando no ve la manifestación de sus oraciones, sea consciente de que Dios está edificando en usted la fe, y "después" esa fe será usada para introducirle a un mayor ámbito de bendición.

Mi esposo disfruta tanto la vida que solía irritarme. Durante los primeros años de matrimonio, él siempre estaba feliz, mientras que yo siempre estaba furiosa. Cuando me enfurecía, rehusaba hablar. Él me decía: "Joyce, podrías hablar conmigo, porque de todos modos la semana próxima para este tiempo me vas a estar hablando".

Lo que él estaba diciendo era: "Esto también pasará".

Mientras yo preparaba este mensaje, Dave me dijo: "Joyce, sabes cómo pude atravesar esos primeros años de nuestro matrimonio?"

"¿Cómo?", pregunté.

"Recordaba haberle pedido a Dios una esposa", respondió. "¡Y le había pedido que me diera a alguien que necesitara ayuda!"

Lo gracioso es que, tres semanas después de casarnos, Dave me miró y preguntó: "¿Qué anda mal contigo?"

La verdad es que muchas cosas andaban mal en mí. Debido a que había sido abusada cuando era niña, tenía toda clase de problemas. Pero realmente no creía tener ninguno. Pensaba que todos los demás tenían un problema, no yo. Así que cuando Dave hacía algo que no me gustaba, rehusaba hablarle. Ésa era mi manera de tratar de controlar nuestra relación, lo cual era parte de mi problema: pensaba que siempre tenía que controlar todo en mi vida.

Más tarde, Dave me dijo cómo atravesó esos tiempos de prueba conmigo; seguía diciéndose: "Dentro de tres días ya no será así; cuatro días más y será diferente; dentro de un año Dios la habrá cambiado".

Nuevamente, su mensaje para sí mismo era: "Esto también pasará".

UN TIEMPO PARA TODO

Todo tiene su tiempo, y todo lo que se quiere debajo del cielo tiene su hora.

ECLESIASTÉS 3:1

Dios me ha mostrado que el diablo nos ofrece *dos mentiras*: la *mentira siempre*, y la *mentira nunca*. Nos dice que las cosas negativas de nuestra vida serán siempre así; y con respecto a las cosas positivas, quiere que creamos que si alguna vez cambian, no lo podremos soportar. Ambas mentiras crean temor en nuestro corazón. Ambas son falsas porque tarde o temprano, todo cambia. Si continuamos creyendo en Dios y depositando nuestra confianza en él, las cosas malas finalmente dan lugar a las mejores.

Cuando están sucediendo cosas buenas en nuestras vidas, pueden no permanecer exactamente iguales siempre. Podríamos tener que pasar otro tiempo difícil, pero finalmente por medio de Cristo, la dificultad se transformará en tiempos mejores que los anteriores.

Por ejemplo, si usted nunca ha tenido vacaciones, al diablo le gustaría que creyera que nunca las tendrá. Por el contrario, si está de vacaciones y lo está disfrutando, al enemigo le gustaría que usted "tuviera pavor" de tener que regresar al trabajo. Quiere que usted sienta que las cosas nunca cambiarán, y si usted cree esas mentiras, no estará preparado para los cambios que seguramente vendrán.

Sí, las cosas siempre están cambiando. A veces los cambios son estimulantes; a veces, difíciles. Pero Jesús nunca cambia

—y siempre que mantengamos nuestros ojos en Él, tendremos éxito en los cambios de nuestra vida y continuaremos creciendo de gloria en gloria.

El salmista nos advierte: *...si se aumentan las riquezas, no pongáis el corazón en ellas* (Salmo 62:10). Y el escritor de Proverbios agrega: *Porque las riquezas no duran para siempre; ¿y será la corona para perpetuas generaciones?* (Proverbios 27:24). En otras palabras, nada dura para siempre, todo cambia, esto también pasará.

Cuando la Biblia nos dice que no tenemos que poner nuestros corazones en las cosas de este mundo, significa que no tenemos que envolvernos demasiado en ninguna cosa de esta vida. Eso incluye no sólo nuestro dinero —nuestros bienes, cuentas bancarias, inversiones, fondos de retiro, etc.—, también se refiere a nuestro trabajo, nuestras posesiones, y hasta nuestro cónyuge o familia.

Como creyentes, nuestro compromiso tiene que ser solamente con el Señor y con nada ni nadie más. Debemos disfrutar lo que tenemos mientras lo tenemos, pero no llegar nunca al punto de creer que no podríamos vivir sin eso.

Una vez el Señor tuvo que tratar conmigo sobre esto con respecto a mi esposo. En ese tiempo yo me había vuelto muy dependiente de Dave. Siempre ha sido muy bueno conmigo y para mí. Me ha ayudado mucho en mi ministerio, así como en mi vida personal.

Cuando me di cuenta de lo dependiente que era de él, el temor comenzó a apretar mi corazón, mientras me preguntaba qué haría si algo le sucediera. Estaba tan desanimada que oré al Señor, preguntando: "Padre, ¿qué pasa aquí? ¿Estás preparándome para que Dave muera, o el diablo está tratando de amedrentarme con esa posibilidad?"

Mientras más lo pensaba, más perturbada estaba. "Oh, caramba", pensaba", ¿qué *haría* yo sin Dave? ¡Creo que no podría superarlo!"

Finalmente, el Señor me habló y me dijo: "Te diré lo que harías si Dave muriera; harías exactamente lo que estás haciendo ahora, porque no es Dave quien te está sosteniendo; soy Yo".

Dios no estaba tratando de abrir una brecha entre Dave y yo, pero incluso en una relación matrimonial que durará hasta la muerte, o hasta el sonido de la última trompeta, hay una delgada línea que no debe cruzarse. Hacerlo es exponerse al desastre. Debemos recordar Quien está en última instancia levantándonos y sosteniéndonos.

Ahora estoy disfrutando mi ministerio. Están sucediendo muchas cosas buenas. Nos encontramos en un período de crecimiento. Es tan gratificante mirar atrás, a esos tiempos en que viajábamos por el campo en una camioneta inservible con neumáticos gastados y guardabarros herrumbrados, durmiendo al costado de la ruta, teniendo reuniones con un puñado de gente medio muerta, y yendo a la mesa de casetes para hallar que los devolvían en vez de comprarlos. Eso demuestra cuán lejos nos ha llevado Dios, y estamos agradecidos por ese crecimiento y ese desarrollo. Pero no creemos haber llegado. Nuestra meta es estar siempre subiendo.

Dave dice: "No quiero que seamos una estrella fugaz, uno de esos ministerios que se eleva como un cohete, luego explota y se esfuma". Yo tampoco. Tomamos la decisión de pasar tiempo con Dios y mantenernos sensibles a su voz de modo que podamos ser obedientes a su dirección. De esa manera continuaremos ministrando de la forma que Él desea y alcanzando a las personas con los mensajes que Él nos da.

Nadie sabe lo que Dios va a hacer con él o ella. No sé exactamente lo que Dios va a hacer conmigo. Cuando trabajaba en esa iglesia en St. Louis, pensaba que siempre iba a estar allí. Pero un día el Señor me dijo: "He terminado contigo aquí". Dios podía haber terminado allí, pero yo no. Permanecí allí otro año completo, hasta que la unción comenzó a irse de mí. De esa experiencia aprendí que cuando Dios ha terminado, ha terminado — ¡y nosotros también!

Una vez leí un libro sobre un hombre que era intercesor.[1] De vez en cuando lo llamaban para ir a algún lugar y comenzar una nueva obra para el Señor. Más adelante, Dios le decía: "He terminado contigo aquí". El Señor lo llamaba a detenerse e interceder por un período de tiempo. Así que este hombre dejaba la obra y se marchaba solo a algún lugar. Nadie oía de él por meses o incluso años hasta que el Señor lo llamaba a hacer otra cosa.

No hay muchos de nosotros que seamos así de dóciles y maleables en las manos del Señor, porque nos apegamos demasiado. Una de las cosas que el Señor nos está diciendo hoy en día es: "Despréndete de tus apegos".

Debemos recordar que somos mayordomos de lo que Dios nos ha provisto, no dueños. El ministerio del cual soy parte no es mi ministerio; es el ministerio de Dios. Si decide alguna vez que ha terminado con él, habrá terminado. No busco que eso suceda, ni lo planeo, pero sé que siempre debo estar preparada para seguir con el Señor si eso ocurriera.

No debemos apegarnos demasiado a las personas o a las cosas. Siempre debemos estar libres para movernos con el Espíritu. Hay épocas en nuestra vida, y cuando esa época se termina, debemos dejarla ir. Muy a menudo tratamos de retener el pasado, cuando Dios está diciendo: "Es tiempo de moverse hacia algo nuevo".

Si Dios ha terminado con algo en su vida, déjelo ir. Mire lo nuevo y permita que "pase". No viva en el pasado cuando Dios tiene una nueva época para usted. Deje ir lo que queda atrás y prosiga a lo que está adelante (Filipenses 3:13-14). Si

Dios ya no está más en algo, usted ya no será feliz en ello. Extiéndase hacia el nuevo horizonte que Dios tiene para usted. Eso es lo que hizo Abraham —y Dios lo bendijo por hacerlo.

"¡ES AQUELLO!"

Pero Jehová había dicho a Abram: Vete de tu tierra y de tu parentela, y de la casa de tu padre, a la tierra que te mostraré. Y haré de ti una nación grande, y te bendeciré, y engrandeceré tu nombre, y serás bendición. Bendeciré a los que te bendijeren, y a los que te maldijeren maldeciré; y serán benditas en ti todas las familias de la tierra. Y se fue Abram, como Jehová le dijo.

GÉNESIS 12:1-4

Dios habló a Abraham y le dijo que dejara su país, su hogar, y sus parientes y fuera a otro lugar que Él le mostraría. Eso es lo que Dios hizo conmigo cuando me dijo que me marchara de esa iglesia en St. Louis. La diferencia es que Abraham obedeció inmediatamente, mientras que yo demoré.

Dios me dijo: "Ve y yo te mostraré", y yo dije: "No, tú muéstrame, y yo iré". Discutimos durante un tiempo porque yo no quería dejar el empleo que tenía entonces. Pensé: "No puede haber nada mejor que esto jamás: es *esto*." Pero Dios me decía: "No, es *aquello*".

En un momento de mi vida, ese empleo era "esto". Pero ahora el Señor me estaba diciendo que había "pasado", y para mí era el tiempo de moverme hacia otra cosa.

Ahora miro a la gente con quien tenía un compañerismo tan íntimo en esos días y recuerdo todas las cosas que solíamos hacer juntos. Todavía están allí haciendo esas cosas, pero ya no soy parte de ellos. Me siguen amando y yo los sigo amando, pero nuestra relación es diferente. ¿Significa eso que me equivoqué al pasar ese tiempo allí? No, sólo significa que Dios había terminado con esa época de mi vida.

Debemos recordar que existen diferentes épocas en nuestra vida y permitir que Dios haga lo que desea en cada una de ellas. Debemos dejar de tratar de encontrar algún "esto" que nunca vaya a cambiar. Todas las cosas están cambiando permanentemente, y por tanto debemos cambiar.

Es mucho más fácil echar nuestra ansiedad cuando sabemos que "esto también pasará". Aun las buenas cosas de la vida que disfrutamos tanto no quedarán para siempre como están en este momento. No estoy siendo negativa o fatalista. Sólo trato de establecer el hecho de que es necesario que seamos cuidadosos para no apegarnos demasiado en esta vida a nada ni a nadie más que a Dios, su voluntad y su plan para nosotros.

PERMITA QUE DIOS LO CAMBIE

⟡

Pero estando él en Betania, en casa de Simón el leproso, y sentado a la mesa, vino una mujer con un vaso de alabastro de perfume de nardo puro de mucho precio; y quebrando el vaso de alabastro, se lo derramó sobre su cabeza.

MARCOS 14:3

Solemos temer el quebrantamiento. Pero si nuestro hombre exterior tiene quebraduras, nuestras poderosas cosas interiores pueden derramarse. El perfume del Espíritu Santo está dentro de nosotros, pero la caja de alabastro, que es la carne, tiene que ser quebrada para que esa agradable fragancia se libere.

Para la plena liberación del poder del Espíritu Santo, debemos permitir que Dios trate con nosotros y haga como Él quiera. Debemos aprender a apoyarnos y a confiar completamente en Él, sabiendo que en la vida todo cambia.

En la antigüedad, cuando un general romano regresaba victorioso de la guerra, era conducido por las calles de Roma flanqueadas por multitudes entusiastas que proclamaban en alta voz: "¡Salve el héroe conquistador!" En la cuadriga, junto al héroe, siempre había apostado un esclavo que sostenía una corona de oro con incrustaciones de piedras preciosas sobre la cabeza del general. Pero mientras se desplazaban, la tarea del esclavo era susurrar continuamente al oído del héroe: "Mira detrás de ti", o "Recuerda que eres mortal".[2] Esto era para evitar que se enorgulleciera demasiado, recordándole: "Esto también pasará".

Eso es lo que Dios hace con nosotros. Nos da su Espíritu Santo para llenarnos, darnos poder y usarnos como una bendición para otros. Pero también lo envía para recordarnos que "esto también pasará".

Si usted y yo esperamos tener alguna estabilidad en nuestra vida, debemos renunciar a buscar una cosa que sea "esta". Debemos recordar que la vida es un continuo proceso en el que todo cambia constantemente —incluso nosotros. Debemos poner nuestra esperanza no en las cosas de esta vida, sino en el Señor, porque Él es el único que no cambia en este mundo. Él es el mismo ayer, hoy y para siempre (ver Hebreos 13:8).

Mantener el equilibrio

✑

...he aprendido a contentarme, cualquiera que sea
mi situación. Sé vivir humildemente, y sé tener
abundancia; en todo y por todo estoy enseñado, así
para estar saciado como para tener hambre, así para
tener abundancia como para padecer necesidad.
Todo lo puedo en Cristo que me fortalece.

FILIPENSES 4:11-13

La estabilidad es madurez. Crecer en Dios es llegar a un
punto donde podemos estar contentos sin importar cuál pueda
ser nuestra situación o circunstancia, porque estamos arraigados y cimentados, no en las cosas, sino en el Señor.

Pablo era emocional y espiritualmente maduro porque
sabía que cualquiera fuere el estado en que pudiera hallarse, eso
también pasaría. En el versículo 12 dijo que había aprendido el
secreto de afrontar cada situación de la vida, fuera buena o
mala.

Un día mientras leía ese versículo, el Señor me habló y dijo.
"Esa es la manera en que mantengo el equilibrio en mi pueblo." Me mostró que si nunca tuviéramos que esperar por
nada, si todo siempre llegara precisamente como lo queremos,
cuando queremos, pronto nos volveríamos débiles y arruina-
dos. Supondríamos que todo el que no fuera tan bendecido
como nosotros estaría haciendo algo mal. Estaríamos tratando
de darle a ese individuo "lecciones de victoria".

Debemos estar en guardia contra el orgullo espiritual. No
debemos tener un concepto de nosotros mismos más alto que

el que debamos tener (ver Romanos 12:3). Recordemos que todas las bendiciones provienen de Dios y no de nuestros esfuerzos o de nuestra santidad. Nunca debemos pensar que ya hemos llegado. Recordemos que el orgullo viene antes de la destrucción y la altanería antes del fracaso (Proverbios 16:18, NVI).

Dios desea que su pueblo se mantenga en equilibrio. Desea bendecirnos y ser bueno con nosotros. Quiere usarnos como vasos por medio de los cuales su Espíritu Santo pueda obrar. Pero para ello, debe enseñarnos cómo manejar nuevos ámbitos de bendiciones sin desarrollar una actitud errónea.

Ésa es la razón por la cual podemos disfrutar maravillosas bendiciones por un tiempo, y de pronto experimentar una serie de contratiempos. Dios permite que eso nos ocurra ocasionalmente para que aprendamos a mantener las cosas en perspectiva. Él sabe que si tenemos demasiadas bendiciones nos llenamos de orgullo y nos arruinamos. También sabe que si tenemos demasiados tiempos difíciles, nos abatimos y desanimamos. Por esa razón es importante recordar que lo que fuere que venga a nuestro camino, "esto también pasará". Por eso debemos aprender a echarlo todo sobre el Señor, sabiendo que nada —bueno o malo— dura para siempre.

¡SÓLO PASA!

Aunque pase por el valle de sombra de muerte, no temeré mal alguno, porque tú estás conmigo; tu vara y tu cayado me infunden aliento.

SALMO 23:4 (LBLA)

El salmista David decía que pasaba *por* el valle de sombra de muerte. Eso es lo que debemos hacer. En todas las situaciones y circunstancias de esta vida tenemos que recordar que sólo estamos de paso. Sea lo que fuere que nos suceda en el momento, a su tiempo también pasará.

Debemos ser conscientes de cuán rápidamente las cosas pueden cambiar. Aunque a veces puedan parecernos exasperadamente lentas, cuando después miramos en retrospectiva ese período, podemos ver que en realidad no fue tan largo como nos pareció.

Cuando el diablo trate de susurrarnos: "Las cosas nunca cambiarán, todo será así siempre, ¡estás atrapado!", deberíamos decirle: "¡Te equivocas! Ahora las cosas pueden ser de este modo, pero cambien o no, no me interesa: ¡yo sólo estoy de paso!"

En Isaías 43:2 el Señor nos prometió: *Cuando pases por las aguas, yo estaré contigo; y si por los ríos, no te anegarán. Cuando pases por el fuego, no te quemarás, ni la llama arderá en ti.*

Sadrac, Mesac y Abed-nego, los tres jóvenes hebreos, fueron arrojados dentro de un horno ardiente por el rey Nabucodonosor. Pero como se encomendaron al Señor, no quedaron allí para ser consumidos por las llamas. Pasaron *por* ellas hacia la victoria (Daniel 3). Daniel fue arrojado al foso de los leones, pero pasó *por* esa experiencia ileso (Daniel 6).

En el Salmo 91:15 hemos visto que el Señor promete la misma clase de protección y liberación para quienes depositan su fe y su confianza en Él.

ESTAMOS SIENDO CAMBIADOS

Por tanto, nosotros todos, mirando a cara descubierta como en un espejo la gloria del Señor,

somos transformados de gloria en gloria en la
misma imagen, como por el Espíritu del Señor.

2 CORINTIOS 3:18

Una de las cosas que el diablo quiere que creamos es que
nunca cambiaremos. Pero eso no es lo que nos dice la Biblia.
Lo que nos dice este versículo es que cuando contemplamos la
gloria de Dios *"...somos transformados de gloria en gloria en la
misma imagen, como por el Espíritu del Señor"*.

La palabra griega traducida como *transfigurados* o *cambiados* en este versículo es *metamorphoo*, que significa "transformar".[3] De esta palabra proviene nuestro vocablo *metamorfosis*,
que significa un cambio completo de una cosa a otra totalmente diferente, como cuando una oruga entra en un capullo como
un gusano y después emerge de allí como una mariposa.[4]

Ésa es la clase de proceso que usted y yo atravesamos espiritualmente, cuando cambiamos del viejo hombre al nuevo
hombre. Cuando el diablo trate de decirnos que somos el
mismo viejo gusano que solíamos ser, deberíamos decirle: "No,
no lo soy. Estoy en proceso de cambio. No seré siempre un
gusano, sólo espera y verás. Un día seré algo totalmente diferente de lo que soy ahora. ¡Seré una hermosa mariposa!"

Antes de que la oruga entre al capullo, para ir de un lado a
otro tiene que arrastrarse lenta y dificultosamente sobre el
suelo, sobre una hoja o una ramita. Pero después hila un capullo y se mete dentro de él por un tiempo. Cuando emerge de
allí ha sido cambiada totalmente. Puede elevarse por el aire
sobre hermosas alas. Pero emerger de ese capullo es una lucha,
que es necesaria para la completa transformación y desarrollo
de la mariposa.

Una vez leí sobre un hombre que vio una mariposa luchando por salir de su capullo. Movido por una errónea compasión,

decidió ayudar a la pobre criatura, así que quebró el capullo y sacó a la mariposa en desarrollo. En sólo cuestión de minutos la debilitada criatura se acurrucó y murió.

Si no debiéramos luchar para atravesar algunas cosas, nunca desarrollaríamos la fuerza y la resistencia que necesitamos para sobrevivir en este mundo.

Solía quejarme al Señor, preguntándole por qué no me ayudaba con mi ministerio. No advertía que estaba luchando para emerger de mi propio capullo. Dios podría haberme ayudado, pero si lo hubiera hecho mi ministerio se hubiera debilitado y muerto.

Dios a menudo obra a través de las luchas. Pero a veces también obra por medio de lo que yo llamo "los súbitamente".

LOS "SÚBITAMENTE"

He aquí, yo envío mi mensajero, el cual preparará el camino delante de mí; y vendrá *súbitamente* a su templo el Señor a quien vosotros buscáis, y el ángel del pacto, a quien deseáis vosotros. He aquí viene, ha dicho Jehová de los ejércitos.

MALAQUÍAS 3:1 (ÉNFASIS DE LA AUTORA)

A todos nos gustan los "súbitamente", y mientras más nos acercamos a los tiempos finales, la Biblia habla de una "época de súbitamente".

Por ejemplo, en 1 Corintios 15:51-52 Pablo nos exhorta: *He aquí, os digo un misterio: No todos dormiremos; pero todos seremos transformados, en un momento, en un abrir y cerrar de ojos, a la final trompeta; porque se tocará la trompeta, y los muertos serán resucitados incorruptibles, y nosotros seremos transformados.*

Cuando Jesús regrese a esta tierra para llevarnos con él, seremos cambiados o transformados "en un momento, en un abrir y cerrar de ojos"—en otras palabras, *súbitamente.*

Usted y yo no tenemos que desanimarnos en nuestro andar con Dios, porque cualquier cosa que quede por hacer en la transformación de nuestro viejo hombre interior hacia el nuevo hombre, se completará "súbitamente"—cuando Jesús aparezca en los cielos. No vamos a permanecer siempre como estamos. Si el diablo trata de decirnos que sí, está mintiendo. Incluso ahora, Dios está en el proceso de cambiarnos de gloria en gloria, y lo que quedare por cambiar en nosotros, un día él lo hará *súbitamente.*

En Hechos 2:1-2 leemos: *Cuando llegó el día de Pentecostés, estaban todos unánimes juntos. Y **de repente** vino del cielo un estruendo como de un viento recio que soplaba, el cual llenó toda la casa donde estaban sentados* (énfasis de la autora).

Este pasaje continúa describiendo cómo todos los discípulos fueron llenos del Espíritu Santo y comenzaron a hablar en otras lenguas. Habían estado esperando en ese aposento alto durante días. Finalmente, cuando fue el tiempo justo, Dios cumplió su promesa de derramar su Espíritu sobre ellos.

Dios también obra así súbitamente entre nosotros hoy en día. En mis reuniones la gente de repente es llena del Espíritu Santo, como lo fueron esas personas en el día de Pentecostés.

Una joven que fue llena del Espíritu en uno de mis servicios me escribió más tarde acerca de la experiencia y el impacto que eso tuvo en su vida. Escribió que había estado en muchas reuniones, y en muchas filas para recibir oración antes de asistir a cierta conferencia que yo estaba dando.

"Debe de haber habido alguna clase de maldición sobre mí", me explicó. "Sentía que usted me iba a llamar y me ministraría, y ciertamente lo hizo. He estado en reuniones como la suya por años, y no puedo decirle cuál era la diferencia. Todo lo que sé es que me fui a casa como una persona totalmente diferente".

Continuó escribiendo que después de esa experiencia su matrimonio era diferente, su relación con los hijos era diferente, la manera en que llevaba la casa era diferente. Hasta la forma en que cuidaba su cuerpo era diferente. Ya no era perezosa, sino que se levantaba cada mañana y salía a caminar para hacer ejercicio, algo que nunca había hecho antes.

¿Qué le había sucedido? Dios se había manifestado súbitamente a su vida. Ahora obraba en ella día a día, cambiándola de gloria en gloria.

Ésa es la manera en que Dios obra: a veces sobrenaturalmente y otras comúnmente, a veces súbitamente, y otras veces a lo largo de un periodo. Por esa razón es necesario que nos levantemos todos los días con una actitud esperanzada: "Quizás cuando me vaya a dormir esta noche, mis circunstancias serán totalmente diferentes porque tú, Señor, te has movido *súbitamente* en mi vida".

En Hechos 9 leemos sobre la conversión de Pablo en el camino a Damasco: *Mas yendo por el camino, aconteció que al llegar cerca de Damasco, repentinamente le rodeó un resplandor de luz del cielo* (v. 3, énfasis de la autora). El relato nos dice cómo Jesús se le apareció a Pablo y lo cambió de un perseguidor de la Iglesia a un flamante convertido que más tarde sería el destacado apóstol a los gentiles.

A veces cuando oramos por otros que no son creyentes o no están viviendo su fe, nos desanimamos porque no vemos cambios evidentes en sus actitudes o conducta. Debemos recordar que si Dios pudo confrontar y cambiar repentinamente a Pablo, Él puede confrontar y cambiar a cualquiera. Después de todo, ¿no nos confrontó y cambió a nosotros?

Nunca debemos cansarnos de orar por nuestros seres queridos, porque a veces Dios obra súbitamente, y otras veces a lo largo de un periodo. Pero Él obra en respuesta a la oración y a la alabanza, como vemos en Hechos 16:26 que describe lo que sucedió cuando Pablo y Silas cantaban alabanzas al Señor en la cárcel de Filipos: *Entonces sobrevino de repente un gran terremoto, de tal manera que los cimientos de la cárcel se sacudían; y al instante se abrieron todas las puertas, y las cadenas de todos se soltaron.*

Tan pronto como el carcelero oyó el ruido y vio lo que había ocurrido, sacó su espada para matarse, porque pensaba que seguramente todos los prisioneros habían escapado. Pero Pablo le dijo a gran voz: "¡No te hagas ningún mal, pues todos estamos aquí!" Cuando el carcelero sacó a Pablo y a Silas de la celda, su primera pregunta fue: *Señores, ¿qué debo hacer para ser salvo?* (v. 30).

Qué cambio. El mismo hombre que los había golpeado, encadenado y arrojado al calabozo de más adentro, ahora les preguntaba por la salvación. Una vez que se convirtió en un creyente, el carcelero los llevó a su propio hogar, lavó sus heridas, y les sirvió algo de comer. Estaba tan entusiasmado que...*se regocijó con toda su casa de haber creído a Dios* (v. 34).

Así como Dios se movía en la vida de todas estas personas, se está moviendo ahora mismo en su vida. Puede estar moviéndose sobrenaturalmente o de una manera común. Pero está obrando a su favor. Lo que sea que esté ocurriendo en su vida en este momento —bueno o malo— échelo todo sobre el Señor de modo que usted pueda dejar de preocuparse.

9

❦

DEJE DE CUIDAR DE SÍ MISMO

...Cree en el Señor Jesús y serás salvo...

HECHOS 16:3

Esto es lo que Pablo y Silas le dijeron al carcelero filipense que les preguntó: "¿Qué debo hacer para ser salvo?" Este es el verdadero significado de la salvación: entregarnos a Dios, dejar de cuidar de nosotros mismos, y confiar en el cuidado que Él tiene de nosotros.

Dios quiere cuidarnos. Él puede hacerlo mucho mejor que nosotros, con sólo que evitemos un problema llamado independencia, que en realidad es el cuidar de sí mismo. El deseo de cuidar de nosotros mismos está basado en el miedo. Básicamente, nace de la idea de que si *nosotros* lo hacemos, podemos estar seguros de que lo haremos bien. Tenemos miedo de lo que podría ocurrir si confiáramos totalmente en Dios y Él no "viniera" por nosotros.

La raíz del problema de la independencia es que confiamos en nosotros mismos más que en Dios.

Nos encanta tener un plan alternativo. Puede ser que oremos y le pidamos a Dios que se involucre en nuestras vidas, pero si Él llega a tardar un poquito en respondernos (al menos, según nuestro punto de vista), rápidamente volvemos a tomar el control en nuestras manos.

Lo que erramos en reconocer es que Dios también tiene un plan para nosotros –y su plan en mucho mejor que el nuestro.

Nuestro plan contra el plan de Dios

Porque yo sé los pensamientos que tengo acerca de vosotros, dice Jehová, pensamientos de paz, y no de mal, para daros el fin que esperáis.

JEREMÍAS 29:11

¿Se ha preguntado alguna vez por qué a veces parece que Dios no nos deja ayudarnos a nosotros mismos cuando enfrentamos alguna dificultad? La razón de que pase eso es que Dios quiere ayudarnos, pero Él quiere hacerlo a su manera y no a la nuestra –porque la nuestra generalmente implica mucha preocupación, inquietud, razonamientos, ansiedad y excesiva argumentación y planeamiento.

El Espíritu Santo selló esta verdad en mí cuando una dama me envió una carta con un maravilloso testimonio sobre la ansiedad y el cuidado propio. Me gustaría compartirlo con usted porque creo que nos resulta útil a todos:

"Asistí hace poco en St. Louis a su conferencia sobre el Espíritu Santo. Al llegar a la conferencia estaba ansiosa porque mi vida podría no significar nada para Dios, y temía que, ocurriera lo que ocurriese, nunca sería feliz. Llevaba ya un año sintiéndome frustrada e infeliz, y realmente necesitaba un cambio decisivo.

"Durante la conferencia, sentí que Dios me sacaba de mis muchas preocupaciones e inquietudes. Al concluir cada sesión me sentía un poco mejor, pero al regresar a casa, entre una y otra reunión, los mismos pensamientos de temor y ansiedad me atacaban nuevamente.

"En la sesión del sábado, me rendí durante la adoración, pidiéndole a Dios que me liberara de una vez y para siempre. Yo sabía que Él se estaba moviendo poderosamente ya que varias de las mujeres con quienes estaba sentada recibieron liberación de sus heridas y dolores pasados.

"Finalmente, luego de su última sesión, decidí que no podía pasar ni un día más en aquél estado de ansiedad y temor. Compré sus audiocasetes sobre "Enfrentar el miedo y encontrar la libertad", "No se afane por nada" y "Cómo experimentar el gozo".? No tenía previsto el dinero para ello, así que luego me preocupé por cómo pagar las otras cosas en las que había previsto usar ese dinero.

"Usted también oró por mí luego de la última sesión, y me animó a escuchar esas cintas. Bueno, había sentido un pequeño cosquilleo en mi estómago cuando usted impuso sus manos sobre mí, pero eso fue todo. Al salir, puse uno de sus casetes en el pasacasetes de mi auto, con la esperanza de que mis miedos no me atacaran antes de llegar a casa.

"Decidí detenerme en la gasolinera Citgo, a unos tres minutos del hotel, y cuando iba hacia allí me di cuenta que no me quedaba nada de dinero. Así que decidí usar mi tarjeta de débito, que tiene acceso a una cuenta con la cual pago mi alquiler, y luego transferir otro dinero a esa cuenta, para así poder pagar la gasolina.

"Cuando llegué a la gasolinera, me aseguré de que aceptaran el tipo de tarjeta que yo tenía. Hice llenar el tanque de gasolina y le di [al empleado] la tarjeta para pagar la gasolina. La rechazaron. El empleado pasó la tarjeta nuevamente, tres veces, y en cada ocasión mi tarjeta fue rechazada. No tenía otra forma de pagar la gasolina. Para entonces yo estaba sudando, hiperventilada, y tenía visiones de mí misma vestida con el uniforme rojo y naranja de Citgo, despachando gasolina para pagar mi cuenta. Pensé que mi vida terminaba allí.

"Pero entonces cuatro mujeres llegaron a la estación en una camioneta. Una de ellas se bajó y me preguntó si ocurría algo malo. Y, por supuesto, le dije que todo estaba bien y que muchas gracias por preguntar. Supongo que la mirada de pánico en mi rostro me delataba, y ella insistió en ayudarme. Finalmente, le dije que necesitaba algo de dinero para pagar la gasolina, e inmediatamente ella y las otras tres damas me dieron el dinero para pagar la cuenta, y se fueron.

"Pagué la cuenta, regresé a mi auto, y me senté, aliviada. Apenas encendí el motor, Dios me habló. Puedo recordar, lo más fielmente posible, que me dijo lo siguiente: 'Todo lo que haces en la vida es planear. Te levantas a la mañana, y planeas todo el resto del día. Mientras te lavas los dientes, planeas qué ropa te vas a poner. Durante el día, planeas la noche. Planeas qué vas a comer, qué vas a estudiar, cuándo vas a hacer gimnasia. Todo lo que haces a lo largo del día es planear, planear, planear... Incluso habías planeado cómo pagarías la gasolina, y mira a dónde te condujo'.

"Hizo una pausa, y luego dijo: 'Yo tengo un plan'."

A veces debemos hacer a un lado nuestro propio plan para escuchar el plan de Dios. Creo que es sabio que planeemos nuestro trabajo y que trabajemos nuestro plan. Pero no debemos arraigarnos y ceñirnos tanto a nuestro plan que discutamos y resistamos si Dios trata de mostrarnos un camino mejor.

Es obvio que siempre deberíamos tener un plan respecto a cómo pagaremos nuestras cuentas. Pero la mujer de esta historia tenía un plan tan excesivo, tan elaborado que resultaba confuso. Dios trató de demostrarle que ella nunca podría disfrutar de su vida hasta tanto pudiera confiar mucho más en Él.

Yo voy a cada una de mis reuniones teniendo en mente un plan definido. Pero en muchas ocasiones Dios cambia ese plan porque conoce más que yo qué es lo que la gente necesita escuchar. Si yo no me someto a su voluntad, no voy a satisfacer las necesidades de quienes hayan venido a escuchar la Palabra de Dios para ellos.

Esta mujer continuó escribiendo: "Para entonces, me estaba riendo tan fuertemente que apenas si podía conducir derecho por la autopista. Es un milagro que haya llegado a casa en una sola pieza. Por el resto del día, Dios continuó recordándome cada vez que yo intentaba comenzar a planear algo. Él me mostró que al planear todo el tiempo, estaba intentando resolver mi futuro yo misma, y que no estaba dependiendo completamente de Él".

La mujer que escribió esto admitió que tenía un problema con la independencia. Dios no quiere que seamos independientes ni codependientes. Quiere que seamos dependientes de Él. Sabe que separados de Él no podemos lograr nada (ver Juan 15:5).

Finalmente, esta mujer concluyó su testimonio escribiendo: "Dios no sólo me liberó de mi ansiedad, sino que destruyó completamente el patrón de pensamiento que fomentaba la ansiedad. Desde entonces, Dios me ha dado la oportunidad de contarle a varias amigas lo que me había ocurrido, y así trató con ellas y conmigo. Estoy tan agradecida por la verdad que me liberó de esa esclavitud".

El testimonio de esta mujer contiene una valiosa lección que todos debemos recordarnos continuamente: En todo cuanto nos concierne, Dios tiene un plan, así como lo tuvo con Jesús cuando lo mandó al mundo a salvarnos y a servirnos como ejemplo.

JESÚS NO ERA INDEPENDIENTE

No puedo yo hacer nada por mí mismo; según oigo, así juzgo; y mi juicio es justo, porque no busco mi voluntad, sino la voluntad del que me envió, la del Padre.

JUAN 5:30

Jesús no se preguntó a sí mismo qué hacer, Él consultó a Dios. En lugar de seguir su propia voluntad, Él siguió la voluntad de su Padre. Cuando tomaba una decisión, ésta era la correcta porque no era su decisión. Era la voluntad de Aquél que lo envió.

Jesús dejó bien en claro que Él no era independiente, que no estaba intentado cumplir su propio propósito. Haríamos bien si siguiéramos su ejemplo.

Algunas veces, más bien que decidir la voluntad de Dios y luego ser obedientes a ella, resolvemos que queremos algo y le pedimos a Dios que lo bendiga. Jesús dijo que no deseaba hacer lo que fuera agradable para Él. Su objetivo y propósito era hacer la voluntad y placer de su Padre celestial. Decía a la gente de su tiempo: "Lo que ustedes me ven hacer, es lo que yo veo hacer la Padre. Lo que ustedes me oyen decir, es lo que yo oigo decir al Padre. Yo no hablo según mi propia autoridad, sino de acuerdo con la autoridad del Padre".

Jesús no tenía problemas con la independencia, y nosotros tampoco deberíamos tenerlos. Deberíamos darnos cuenta de que todo lo que hagamos en forma independiente, separados de Dios, fracasará en llevar fruto agradable tanto para Él como para nosotros mismos.

La independencia es infantil

Cuando yo era niño, hablaba como niño, pensaba como niño, juzgaba como niño; mas cuando ya fui hombre, dejé lo que era de niño.

1 CORINTIOS 13:11

Cuando nuestro hijo Danny era un adolescente, era un muchacho maravilloso. Pero en muchos aspectos todavía era un niño en su forma de pensar, sus actitudes y su comportamiento. Como muchos adolescentes, era egocéntrico. Todo en su vida debía girar en torno a él y para su beneficio. Él podía levantarse de mañana hablando de su vida social, pasar el día hablando de su vida social e irse a acostar hablando de su vida social. Tenía un plan para cada minuto disponible, y todo estaba dirigido a gratificar sus deseos personales. Cada uno de sus pensamientos, palabras y acciones tenían que ver consigo mismo, con lo que fuera de bendición para él y con lo que pudiera hacerlo feliz a él, cuando en realidad sólo Dios sabe lo que en verdad será de bendición para nosotros, lo que nos hará felices y por ello ordena nuestros pasos para conducirnos hacia lo que Él tiene para nosotros.

Los cristianos inmaduros son como niños pequeños o adolescentes que planean todo de acuerdo con lo que ellos piensan que es mejor para sí mismos. Si queremos crecer en el Señor, debemos aprender a buscar la voluntad del Padre y su plan para nuestra vida en lugar de seguir los nuestros. Debemos decidir no actuar en forma independiente, tratando de satisfacer nuestros propios deseos o saciar nuestras propias necesidades. En lugar de ello, debemos confiar en el Señor con todo nuestro corazón y nuestra mente, y no apoyarnos en nuestro propio entendimiento.

SUPERE EL ESPÍRITU DE INDEPENDENCIA

Fíate de Jehová de todo tu corazón, Y no te apoyes en tu propia prudencia. Reconócelo en todos tus caminos, y él enderezará tus veredas. No seas sabio en tu propia opinión; teme a Jehová, y apártate del mal.

PROVERBIOS 3:5-7

Este pasaje no quiere significar que debemos buscar una palabra divina de parte de Dios para cada decisión que tomemos, a cada minuto, en el curso de nuestras vidas. Ello no sería posible. Dios pone sabiduría en nosotros, mediante el Espíritu

Santo, para que nos movamos con esa sabiduría paso a paso. Pero el Señor quiere que lo conozcamos, que lo reconozcamos y que le agradezcamos. Él quiere que estemos conscientes de su Espíritu y que caminemos silenciosamente confiando, creyendo en Él y obedeciéndole.

Hace algún tiempo escuché a un reconocido ministro decir: "Hace ya mucho, mucho tiempo que Dios no me dice: 'Haz esto'. Pero eso no me preocupa porque sigo ocupándome en hacer lo último que años atrás me dijo que hiciera".

Dios espera que caminemos con sabiduría, pero también espera que seamos conscientes y que nos preocupemos por lo que estamos haciendo. Reconocerlo a Él en todos nuestros caminos es tan importante porque Él va a dirigir nuestros pasos. Él nos guiará suavemente y nos volverá al camino correcto, como leemos en Isaías 30:21:

> Entonces tus oídos oirán a tus espaldas palabra que diga: Este es el camino, andad por él; y no echéis a la mano derecha, ni tampoco torzáis a la mano izquierda.

Es un insulto para Dios que andemos por la vida planificando todo sin consultarlo a Él o sin preocuparnos por lo que Él piensa, pero esperando que Él haga que todo funcione tal como lo imaginamos, sólo porque es lo que deseamos.

Como el orgullo, la independencia es un pecado. La independencia muestra falta de confianza en Dios. Dice: "Quiero cuidar de mí mismo porque sé que si hago las cosas a mi manera, saldrán correctamente". Eso muestra que no confía en la forma en que Dios maneja las cosas, para que sean mejores que lo que la persona planeó.

¿Cuántos de nosotros somos así? No queremos que nadie nos ayude porque no queremos depender de nadie. Preferimos hacer las cosas nosotros mismos antes que pedir ayuda. Es justamente por ello que Dios nos da a cada uno de nosotros sólo una parte de las respuestas, para que tengamos que trabajar juntos para poder lograr su voluntad en nuestras vidas.

Si queremos hacer la voluntad de Dios debemos desear relacionarnos con otras personas.

Para algunos de nosotros que tenemos personalidades fuertes e independientes, esto resulta un verdadero problema. Generalmente, cuanto más fuerte sea nuestra personalidad, mayores serán las debilidades e inhabilidades que el Señor deba dejar en nosotros, para que no tengamos más alternativa que apoyarnos en Él y en los demás.

En 2 Crónicas 20, leemos cómo oró el rey Josafat al Señor cuando Judá tuvo que enfrentar una invasión de enemigos que eran más poderosos que ellos. Él reconoció que él mismo y su gente no tenían el poder suficiente para combatir un ejército tan grande, y agregó: "no sabemos qué hacer, y a ti volvemos nuestros ojos." (v. 12.)

Esa es la declaración de una persona que depende de Dios, no de alguien que es independiente. "No sé qué hacer Señor, y no tengo ninguna habilidad para hacerlo, aún si supiera qué, pero mis ojos están puestos en ti."

A nuestro Padre celestial le complace que lo reconozcamos y le confesemos nuestra inhabilidad para manejar nuestras propias vidas. Eso es lo que hacemos cuando le decimos: "¡Padre, ayúdame! ¡Te necesito!"

Dios quiere que dependamos de Él, y quiere que pongamos esa dependencia en palabras, como lo hacía Jesús. Cuando vamos a Él en oración, quiere que le digamos: "Padre, te necesito. Separado de ti nada puedo hacer. Sin ti, no tengo esperanza.

A menos que dirijas mi camino, me guíes, me des fuerzas y me sostengas, fallaré en cada cosa que haga."

El incompetente, doce veces competente

Porque lo insensato de Dios es más sabio que los hombres, y lo débil de Dios es más fuerte que los hombres. Pues mirad, hermanos, vuestra vocación, que no sois muchos sabios según la carne, ni muchos poderosos, ni muchos nobles; sino que lo necio del mundo escogió Dios, para avergonzar a los sabios; y lo débil del mundo escogió Dios, para avergonzar a lo fuerte; y lo vil del mundo y lo menospreciado escogió Dios, y lo que no es, para deshacer lo que es, a fin de que nadie se jacte en su presencia.

1 CORINTIOS 1:25-29

Debemos recordar que no son nuestros dones lo que importa, sino la unción de Dios. Generalmente Dios no llama a las personas por su gran sabiduría, conocimiento o habilidad; antes bien, Él las llama por su insensatez, ignorancia y debilidades, de manera que toda la gloria sea para Él y no para ellos.

Dios llama a personas con talentos y luego pasa años enseñándoles que sin su unción esos talentos no les servirán absolutamente para nada, o llama a personas que son tan incapaces que ya saben que la única forma en que pueden esperar lograr hacer algo es apoyándose totalmente en Él cada segundo.

Como escribió Pablo, muchos de nosotros entramos en esta segunda categoría. A este respecto, no somos diferentes a los primeros discípulos que Jesús llamó.

La siguiente es una carta que fue escrita supuestamente a Jesús por la empresa consultora Jordan Management de Jerusalén, en la cual reporta sus hallazgos en cuanto a los doce hombres que Él presentó para que fueran evaluados:

Estimado Señor:

Gracias por presentar los currículos de los doce hombres que usted ha seleccionado para los puestos de liderazgo de su nueva organización. Todos ellos han tomado nuestra batería de pruebas; y no sólo hemos ingresado los datos en nuestra computadora, sino que también hemos acordado entrevistas personales entre cada uno de ellos y nuestro psicólogo y consultor de aptitudes vocacionales...

La opinión de nuestro personal es que la mayoría de sus candidatos no tiene buenos antecedentes, ni educación y aptitud vocacional para la clase de empresa que usted está emprendiendo. No tienen concepto de trabajo en equipo. Le recomendaríamos que continúe buscando personas con experiencia, aptitudes de mando y capacidad comprobada.

Simón Pedro es emocionalmente inestable y dado a los accesos temperamentales. Andrés no tiene absolutamente ninguna cualidad de liderazgo. Los dos hermanos, Jacobo y Juan, los hijos de Zebedeo, anteponen sus intereses personales a la lealtad a la compañía. Tomás demuestra una actitud cuestionable que podría tender a debilitar la moral del resto del grupo. Sentimos que es nuestro deber decirle que Mateo figura en la lista negra del

Departamento de Negocios de la Gran Jerusalén. Jacobo, el hijo de Alfeo, y Tadeo definitivamente tienen tendencias radicales, y ambos obtuvieron una puntuación alta en la escala maníaco depresiva.

Uno de los candidatos, sin embargo, muestra gran potencial. Es un hombre habilidoso y con grandes recursos, tiene buen trato con las personas, posee una mente hábil para los negocios, y tiene contactos con personas de alto rango. Tiene una gran motivación, es ambicioso y responsable. Recomendamos a Judas Iscariote como su director financiero y mano derecha. Todos los otros perfiles resultan muy fáciles de entender.

Básicamente, lo que decía esta firma consultora es que las personas que Jesús escogió como sus discípulos eran todos unos perdedores y que Él no llegaría a ningún lado con ellos porque jamás podrían serle útiles.

Pero como vemos en la carta de Pablo a los Corintios, Dios elige deliberadamente a los don nadie de este mundo así puede utilizarlos para confundir a los sabios y a los poderosos. El Señor toma a los ceros a la izquierda y les agrega su poder de manera que se conviertan en algo grande, para su gloria, como nos dice en Zacarías 4:6: *...No con ejército, ni con fuerza, sino con mi Espíritu, ha dicho Jehová de los ejércitos.*

En y por nosotros mismos usted y yo no somos nada. No debemos tratar de ser independientes, porque si lo hacemos fallaremos cada vez. Debemos reconocer y aceptar nuestra absoluta dependencia de Dios.

La razón por la que tendemos a ser independientes en nuestra forma de pensar puede ser que hemos aprendido, a través de amargas experiencias, que nadie en el mundo cuidará de nosotros o de nuestros mejores intereses, como nosotros mismos.

Si usted ha sido traicionado o maltratado, como lo fui yo durante mi niñez, tal vez considere que todas las personas están dispuestas a dañarlo, abusar de usted o utilizarlo. Puede ser que considere, como lo hice yo durante muchos años, que la única forma de protegerse y no permitir que tomen ventaja de usted es mantener un control total sobre cada aspecto de su vida. De ser así, cuando Dios le pide que le entregue el control a Él, puede ocurrir que hacerlo le parezca casi imposible. Pero también puede suceder que usted falle en reconocer que su negativa a echar el cuidado de usted mismo sobre el Señor y confiar en que Él lo cuidará es sólo otra forma de rebelión infantil.

AY DE LOS HIJOS REBELDES

¡Ay de los hijos rebeldes –declara el Señor– que ejecutan planes, pero no los míos, y hacen alianza, pero no según mi Espíritu, para añadir pecado sobre pecado! Los que descienden a Egipto sin consultarme, para refugiarse al amparo de Faraón, y buscar abrigo a la sombra de Egipto.

ISAÍAS 30:1-2 (LBLA)

Este es otro de los pasajes con "ayes" de las Escrituras. En él el Señor pronuncia una maldición sobre los hijos rebeldes que dejan de confiar en Él para llevarse por el propio consejo, llevan a cabo sus propios planes, y descienden a la "sombra de Egipto" en lugar de descansar bajo la "sombra del Omnipotente".

En este caso, descender a la "sombra de Egipto" se refiere a volverse al brazo de la carne en lugar de apoyarse en el brazo del Señor. En otras palabras, no debemos confiar en nosotros mismos ni en otros, sino sólo en el Señor. No debemos formular normas ni reglamentos sobre cada cosa, sino reconocer al Señor en todos nuestros caminos para que Él pueda dirigir nuestro andar. Debemos encontrar nuestra fuerza en Él, y no en nosotros mismos ni en el mundo, que es lo que siempre representa Egipto en las Escrituras.

EGIPTO NO SIRVE DE AYUDA

¡La protección de Faraón será su vergüenza! ¡El refugiarse bajo la sombra de Egipto, su humillación! [...] La ayuda de Egipto no sirve para nada...
ISAÍAS 30:3, 7 (NVI)

En este pasaje, el Señor nos está diciendo: "No me den la espalda, no dejen de confiar en mí para llevar a cabo sus propios planes y estratagemas. Ellos no resultarán, y ustedes sólo terminarán humillados y confundidos. Antes de hacer cualquier cosa, chequeen conmigo, para ver si en verdad es eso lo que deberían estar haciendo. No miren al mundo en busca de respuestas, porque no tiene ninguna para darles. La salvación y la liberación provienen de mí y sólo de mí".

UN MURO AGRIETADO

Por tanto, os será este pecado como grieta que amenaza ruina, extendiéndose en una pared elevada, cuya caída viene súbita y repentinamente. Y se quebrará como se quiebra un vaso de alfarero, que sin misericordia lo hacen pedazos; tanto, que entre los pedazos no se halla tiesto para traer fuego del hogar, o para sacar agua del pozo.

Isaías 30:13-14

Cada vez que usted y yo hacemos nuestros propios planes o corremos hacia otras personas en lugar de confiar en el Señor, dejamos un punto débil en nuestro muro de protección divina. Cuando menos lo esperemos, el enemigo se introducirá a través de ese punto débil.

Dios no desea que tengamos puntos débiles en nuestras vidas. Quiere que dependamos de Él y que seamos obedientes, para que nuestro muro permanezca fuerte y grueso, y nuestras vidas estén completas y bendecidas.

Cuanto más dependemos de Dios, más puede hacer Él a través de nosotros. Pero en ocasiones pasamos por alguna grieta antes de introducirnos en las bendiciones.

En una oportunidad, durante un año y medio, creí que me estaba volviendo loca. Todo lo que podía hacer era caminar alrededor de mi casa orando "¡Ayúdame, Señor!" Ni siquiera sabía qué tipo de ayuda necesitaba o para qué. Ahora, cuando miro hacia atrás y recuerdo aquella experiencia, sé lo que estaba ocurriendo. El espíritu de independencia se estaba apartando de mí. Dios me estaba llevando a una instancia en la que yo pudiera conocer que no podía hacer nada separada de Él.

Recuerdo que una noche, mientras me alistaba para dormir, tomé un libro y comencé a leer. Repentinamente, tuve una visitación de Dios. Por unos cuarenta y cinco minutos me quedé sentada en el borde de mi cama y lloré. Finalmente, el Señor me habló y me dijo: "Todo lo bueno que hagas nada tiene que ver contigo. Yo soy el Único que es bueno. Cuando te encuentres haciendo algo bueno, es sólo porque he luchado contigo para que tu carne se sujete lo suficiente como para permitir que mi gloria brille a través de ti".

En ocasiones, antes de que Dios pueda promovernos, debe recordarnos cuál es nuestro lugar. En mi caso personal, mi ministerio estaba comenzando a experimentar una súbita aceleración del crecimiento. Dios me estaba preparando con antelación al decirme: "Voy a hacer algo maravilloso en tu vida y tu ministerio, y cuando esto ocurra debes recordar que soy Yo y no tú el que lo hace".

Dios me estaba enseñando lo que aún me sigue mostrando: La solución para nuestros problemas se encuentra en Él y sólo en Él.

Vuélvanse a mí, dice el Señor

⌘

Porque así dijo Jehová el Señor, el Santo de Israel: En descanso y en reposo seréis salvos; en quietud y en confianza será vuestra fortaleza. Y no quisisteis, sino que dijisteis: No, antes huiremos en caballos; por tanto, vosotros huiréis. Sobre corceles veloces cabalgaremos; por tanto, serán veloces vuestros perseguidores. Un millar huirá a la amenaza de uno; a la amenaza de cinco huiréis vosotros todos, hasta que quedéis como mástil en la cumbre de un monte, y como bandera sobre una colina. Por tanto, Jehová esperará para tener piedad de vosotros, y por tanto, será exaltado teniendo de vosotros misericordia; porque Jehová es Dios justo; bienaventurados todos los que confían en él.

ISAÍAS 30:15-18

Lo que Dios me decía aquella noche es lo que aún nos sigue diciendo a nosotros hoy: "O vas a depender de mí o vas a acabar en el lío más grande que hayas visto en tu vida".

Debemos aprender a depender totalmente de Dios. Si no lo hacemos, no seremos capaces de hacer nada que tenga valor. Separados de Él, no podemos hacer nada.

Cuando el Señor me visitó en mi habitación aquella noche y me dio aquél mensaje, fue porque yo había estado enfrascada en un combate con Él desde hacía algún tiempo. Había sido una batalla de voluntades. Yo había estado haciendo las cosas en la forma que a mí me gustaba hacerlas, de acuerdo con mi plan. Él estaba tratando de mostrarme que yo debía abandonar todo aquello y rendirme a su forma y su plan. Él me decía que debía aprender a apoyarme en Él, a confiar en Él con todo mi corazón, mi mente y mi entendimiento y que debía reconocerlo a Él en todos mis caminos. Me estaba advirtiendo que no fuera sabia en mi propia opinión, porque en realidad yo no conocía ni la mitad de las cosas que creía saber.

Creía que lo sabía todo, pero Dios tenía cosas nuevas para mí.

¿Nuestra voluntad o la voluntad de Dios?

De cierto, de cierto te digo: Cuando eras más joven, te ceñías, e ibas a donde querías; mas cuando ya seas viejo, extenderás tus manos, y te ceñirá otro, y te llevará a donde no quieras.

JUAN 21:18

En la Escritura acabada de citar, creo que aunque Dios en ese momento le estaba hablando a Pedro sobre el tipo de muerte que experimentaría, el Señor también le estaba haciendo saber que él ya había hecho su propia vida durante mucho tiempo —muchas veces moviéndose según sus emociones y su propia voluntad— pero ahora era tiempo de madurar. Era tiempo de entregar las riendas de su vida a Dios. El Padre también le estaba haciendo saber que podía suceder que a él no le gustara todo lo que iba a pasar, pero que en definitiva sería todo para la gloria de Dios.

Cuando éramos bebés cristianos, andábamos de acuerdo a nuestra propia manera de vivir. Tomábamos nuestras propias decisiones y seguíamos nuestro propio camino. Para demostrar el cuidado providencial de Dios, Él bendecía nuestros planes y hacía que funcionaran. Pero cuando crecemos y nos convertimos en cristianos maduros, a veces debemos hacer cosas que en el ámbito de lo natural no nos gusta particularmente hacer, en obediencia a las indicaciones de Dios. Él no sigue prosperando ni bendiciendo nuestros planes y proyectos infantiles.

Por algún tiempo, Dios nos permite "tener la última palabra" por así decirlo. Nos permite hacer las cosas a nuestra manera, con su bendición. Pero a lo largo de ese tiempo, Él comienza a establecer su propia modalidad en cada una de nuestras vidas. Hasta que llega un punto en que Él comienza a "luchar" con nosotros para llamarnos a someternos a su voluntad en lugar de seguir manejándonos según la nuestra. Es entonces cuando comienza a enseñarnos a poner nuestra confianza en Él y no en nosotros mismos.

Jesús le preguntó a Pedro tres veces: "Simón Pedro ¿me amas?" Tres veces respondió Pedro: "Sí, Señor, yo te amo" (Juan 21:15-17). Jesús tenía una razón para hacerle a Pedro esta pregunta tres veces. Él sabía que el amor de Pedro estaba a punto de ser puesto a prueba.

Últimamente el Señor me ha estado diciendo: "Joyce, ¿me amas? De ser así, ¿me seguirás amando y sirviendo aunque yo no haga todo del modo que a ti te gustaría o cuando a ti te parece que debería?"

Para el momento de su visitación, yo le había estado pidiendo al Señor un gran ministerio. En su visita, Él me dijo: "Joyce, si yo te pidiera que fueras a la orilla del río, aquí en St. Louis, y ministraras allí a cincuenta personas por el resto de tu vida, sin ser reconocida por nadie, ¿lo harías?"

Mi respuesta fue: "¡Pero Señor, seguro que no puedes estar pidiéndome eso!"

Solemos tener planes grandiosos para nosotros mismos. Si Dios nos pidiera que hiciéramos algo que no es muy relevante, no siempre estaremos seguros de que lo estemos oyendo correctamente, ¡o que esa sea su voluntad para nosotros!

Cuando Dios me hizo aquellas preguntas sobre mi ministerio, me sentí como imagino se habrá sentido Abraham cuando el Señor le pidió que sacrificara a su hijo Isaac, a través del cual Él le había prometido que bendeciría a todas las naciones de la tierra (ver Génesis 22). Parecía que Dios me estuviera pidiendo que abandonara el trabajo que Él mismo me había dado y a través del cual Él había bendecido a muchos otros, y también a mí. Pero Dios no me estaba pidiendo que resignara ese ministerio. Él sólo me pedía que yo lo depositara sobre el altar, como Abraham había colocado a Isaac ante el Señor.

No debemos permitir que nada —ni aún nuestro trabajo para el Señor— se convierta en algo más importante que el mismo Dios. Para evitar que ello suceda, en ocasiones Dios nos llama a dejar todo en el altar como prueba de nuestro amor y compromiso. Él nos prueba pidiéndonos que entreguemos nuestras bendiciones más preciadas como prueba de nuestro amor por Él.

En mi caso, el Señor me llevó hasta el punto en que tuve que decirle: "Sí, Señor, lo haré. Si eso es lo que quieres, iré a la ribera a ministrar a cincuenta personas por el resto de mi vida. Te amo lo suficiente como para hacer eso".

Estaba llorando mientras lo decía, pero fue de corazón. Caí de rodillas y lloré, diciendo: "Señor, no tengo nada para darte sino mi persona, mi voluntad y mi amor. Sea hecha tu voluntad, no la mía".

Cuando llegamos al punto en que podemos establecer esa clase de compromiso, Dios comienza a honrarnos y a desarrollar su plan para nuestra vida.

Dios tenía en mente para Pedro un plan diferente al que él mismo se había forjado. Pedro era un exaltado y además era un obcecado. Siempre se iba por las ramas y hablaba antes de pensar en lo que estaba diciendo.

Pero el Señor amaba a Pedro. Sabía qué planes tenía para él, planes para bendecirlo y para hacerle bien, no para dañarlo ni para causarle pena alguna. Pero también sabía que tenía que tratar con Pedro por su tendencia a dejarse llevar por su carne. De eso estaba hablando Jesús cuando le dijo a Pedro que estaba orando por él –de la misma manera en que se encuentra orando por usted y por mí en este mismo momento (ver Hebreos 7:25).

Atravesando tiempos de prueba

꒰∞꒱

Dijo también el Señor: Simón, Simón, he aquí Satanás os ha pedido para zarandearos como a trigo. Pero yo he rogado por ti, que tu fe no falte; y tú, una vez vuelto, confirma a tus hermanos.

Lucas 22:31-32

No puedo imaginar que esta haya sido una buena noticia para Pedro. Estoy segura que él habrá querido decir: "Pero, Señor, si hay algún problema con Satanás, ¿por qué no lo manejas tú?

Pero esa no fue la respuesta que Jesús le dio a Pedro. Le dijo que había orado por él, especialmente, y que una vez que él hubiere cambiado, debía fortalecer y arraigar a los otros discípulos. Jesús no oró para que Pedro fuera librado de la prueba. Jesús oró para que la fe de Pedro no fallara mientras él estuviera pasando *a través* de ese tiempo de prueba.

Es por lo mismo que Jesús se encuentra orando por usted y por mí en este preciso momento. Él está orando para que nosotros pasemos a través de los tiempos de prueba de nuestras vidas y emerjamos de ellos fortalecidos y con poder para que podamos fortalecer y confirmar a otros para que vivan una vida de gozo, paz y victoria.

Es tan importante que aprendamos a enfrentar al enemigo y que no estemos buscando siempre a otro que lo haga por nosotros. Si le entregamos nuestras vidas al Señor total y completamente, puede ocurrir que Él no haga todo exactamente como a nosotros nos gustaría o en el momento preciso que nosotros preferiríamos. Pero sea lo que fuere que Él haga, será lo correcto, lo mejor para esa situación.

Pero, ¿podemos *realmente* confiar en Dios para que haga por nosotros lo que debe ser hecho en cada situación de nuestras vidas?

DIOS PROVEERÁ

⌒◇◦

Después de estas cosas, designó el Señor también a otros setenta, a quienes envió de dos en dos delante de él a toda ciudad y lugar adonde él había de ir. Y les decía: La mies a la verdad es mucha, mas los obreros pocos; por tanto, rogad al Señor de la mies que envíe obreros a su mies. Id; he aquí yo os envío como corderos en medio de lobos. No llevéis bolsa, ni alforja, ni calzado; y a nadie saludéis por el camino.

LUCAS 10:1-4

Cuando el Señor envió a los setenta a preparar el camino para su llegada, les dijo: "Los envío para que hagan un trabajo para mí, pero no se lleven nada para cuidar de ustedes mismos".

Creo que hay un principio espiritual que se establece en este pasaje. Lo importante no es que se nos prohíba llevar libros, calzado o vestimenta con nosotros cuando viajamos de un lugar a otro para ministrar, sino que debemos ser obedientes para hacer la voluntad de Dios, confiando en que Él podrá satisfacer aquellas necesidades que Él ya sabe que experimentaremos.

En Lucas 22:25, Jesús preguntó a sus discípulos: ... *Cuando os envié sin bolsa, sin alforja, y sin calzado, ¿os faltó algo? Ellos dijeron: Nada.*

Si el Señor nos ha enviado a hacer su trabajo, es su responsabilidad hacer los arreglos necesarios para que estemos provistos. Él nos ha prometido que si nos ocupamos de su cosecha, él se ocupará de nuestras necesidades.

¡LOS CAMELLOS ESTÁN LLEGANDO!

Cuando Jesús nació en Belén de Judea en días del rey Herodes, vinieron del oriente a Jerusalén unos magos, diciendo: ¿Dónde está el rey de los judíos, que ha nacido? Porque su estrella hemos visto en el oriente, y venimos a adorarle. [...] Ellos, habiendo oído al rey, se fueron; y he aquí la estrella que habían visto en el oriente iba delante de ellos, hasta que llegando, se detuvo sobre donde estaba el niño. Y al ver la estrella, se regocijaron con muy grande gozo. Y al entrar en la casa, vieron al niño con su madre María, y postrándose, lo adoraron; y abriendo sus tesoros, le ofrecieron presentes: oro, incienso y mirra.

MATEO 2:1-2, 9-11

Todos recordamos la historia de Navidad: cómo María dio a luz a Jesús, en un establo, y lo recostó en un pesebre, cómo los sabios vinieron desde el lejano oriente, siguiendo una estrella que los guió hasta el Santo Niño, cómo entraron y lo adoraron, ofreciéndole presentes: oro, incienso y mirra.

En esta historia vemos que María y José no salieron en busca de presentes. Aunque se vieron forzados a pasar la noche en un establo frío y oscuro, no enviaron mensajes para pedir presentes. Pero como estaban en el centro de la voluntad de Dios, Él les envió a los sabios desde el oriente, montados en camellos, cargados con provisiones.

Escuché en una oportunidad predicar un sermón sobre este tema, en una iglesia de Minnesota. Se titulaba "Los camellos están llegando". El mensaje era básicamente que si estamos en la voluntad de Dios, Él siempre proveerá para nosotros. No necesitamos perseguir esa provisión; ella nos encontrará. No debemos tratar nosotros mismos de que las cosas sucedan; Dios nos las traerá.

Déjeme darle un ejemplo:

La iglesia en la cual se predicó este sermón estaba involucrada en un programa de construcción y necesitaba grandes sumas de dinero, así que realmente se aferraron a la imagen de Dios enviando camellos con su provisión. De hecho, esta era una imagen tan vívida para ellos que pronto tuvieron pequeños camellos sobre los escritorios y mesas para recordar este mensaje. Su lema entonces vino a ser: "¡Los camellos están llegando!"

Ellos necesitaban al menos 100,000 dólares para afrontar un pago que pronto vencería, pero sentían que Dios les estaba diciendo que no tomaran un préstamo. Pese a ello, cuando llegó la fecha del vencimiento del pago fueron al banco e intentaron obtener un préstamo, pero su solicitud fue denegada. Estoy convencida que fue rechazada porque no era la voluntad de Dios, así que les bloqueó esa vía.

Cuando se bloquea una vía de nuestra vida, antes de comenzar a tratar de echar la puerta abajo, es necesario que nos apartemos y consultemos al Señor. Puede no ser el camino por donde Dios quiere que vayamos.

Esto es lo mismo que les ocurrió a Pablo y su equipo, como vemos en Hechos 16: *y cuando llegaron a Misia, intentaron ir a Bitinia, pero el Espíritu no se lo permitió* (v. 7). Dos versículos más adelante, Pablo recibió la visión de un hombre de Macedonia ...*rogándole y diciendo: Pasa a Macedonia y ayúdanos* (v. 9). A veces Dios tiene que cerrarnos una vía para que estemos abiertos a seguir otra.

En cierta oportunidad nuestro ministro en St. Louis tenía puestos los ojos en un edificio que pensábamos que necesitábamos. Reclamamos ese edificio rodeándolo siete veces, diciendo: "¡Este edificio es nuestro, en el nombre de Jesús! ¡No será vendido hasta que nosotros estemos en condiciones de comprarlo!"

No mucho tiempo después, el edificio fue vendido —¡y no a nosotros!

¿Qué nos dijo eso? Nos dijo que ese edificio no era nuestro después de todo. En lugar de ir allí y pararnos en la esquina a reprender al enemigo durante tres horas y reclamar el edificio, simplemente llegamos a la conclusión: "Bueno, Dios debe tener en mente otro edificio para nosotros, porque si éste hubiera sido el nuestro, lo habría guardado para nosotros".

En lugar de irritarnos y hacer algo insensato, seguimos confesando: "¡Los camellos están viniendo!". Y finalmente llegaron —en el tiempo de Dios, no en el nuestro.

Para el pastor de la iglesia de Minnesota, no parecía haber forma de que ellos pudieran afrontar aquel pago. Un domingo a la tarde, un amigo del pastor concurrió al servicio, y el pastor le pidió que subiera a plataforma y exhortara un poco a la congregación. El hombre sacó de su bolsillo un sobre y se lo entregó al pastor diciendo: "Aquí tienes, quiero darte esto para que lo utilices de la forma que quieras. Estaba orando por ti para que Dios respondiera a tu necesidad, y entonces el Señor me dijo: 'No ores, haz algo'."

El pastor abrió el sobre ¡y encontró un cheque por 100,000 dólares! Volviéndose hacia la congregación, gritó: "¡Alabado sea Dios, nuestro camello ha llegado!"

Creo que los camellos llegarán para cada uno de nosotros si estamos firmes en la voluntad de Dios. La única manera en que podemos esperar esta clase de provisión es por ser fieles en permanecer donde Dios nos haya puesto y hacer el trabajo que Él nos haya encomendado para el bien de su Reino. Cuando comenzamos a creer esto, somos libres para echar nuestro cuidado sobre Él. Ya no tenemos que pasar la noche en vela, inquietos y preocupados, tratando de imaginar qué hacer para cuidar de nosotros mismos. Simplemente, podemos encomendarnos a Dios.

ENTRÉGUESE USTED MISMO A DIOS

De modo que los que padecen según la voluntad
de Dios, encomienden sus almas al fiel Creador, y
hagan el bien.

1 PEDRO 4:19

Cada día de pago cuando vamos a la ventanilla de depósi-
tos del banco, deslizamos nuestro depósito por la abertura y
nos olvidamos de él. Entregamos nuestro dinero a los emplea-
dos del banco, confiando en que ellos nos lo cuidarán. De la
misma forma, cuando pasamos por las puertas del cielo cada
mañana, en oración, debemos depositarnos a nosotros mismos
en Dios, confiando en que Él nos cuidará.

Esto es especialmente cierto cuando estamos siendo maltratados y sufrimos por pertenecer a Dios y estamos actuando
correctamente, siendo fieles a su voluntad para nosotros.
Cuando renunciamos a nosotros mismos por Dios, debemos
dejar de buscar justicia por nuestra cuenta, y simplemente confiar en Él para que nos justifique y haga que todo funcione de
la mejor forma posible, de acuerdo con su plan y su voluntad.
Eso es lo que hizo Jesús.

Cuando fue maltratado, injuriado e insultado, Jesús no respondió de la misma manera. En cambio, Él se confió a sí
Mismo enteramente a Dios, quien juzga todas las cosas y a
todas las personas limpia y justamente.

Como seguidores de Jesús, nuestro Ejemplo, somos llamados a seguir sus pasos. Como Él, no debemos tratar de tomar
el asunto en nuestras manos, sino en cambio encomendarnos a

Dios, confiando en que Él hará que todo resulte bien para todos los involucrados.

Pasamos tanto tiempo tratando de cuidar de nosotros mismos que no tenemos tiempo de disfrutar nuestras vidas. Estamos tan ocupados cuidándonos a nosotros mismos, tratando de asegurarnos de que nadie saque ventaja de nosotros, que todos nos traten correctamente, que obtenemos nuestro merecido.

Una vez fui invitada a predicar en cierta iglesia donde me aseguraron que yo recibiría una ofrenda de amor al final de la serie de encuentros. Más tarde, justo antes de que comenzaran las reuniones, la iglesia me llamó repentinamente para informarme que yo recibiría honorarios, pero que no se levantaría ofrenda. Aunque no dije nada a la iglesia, me disgusté y comencé a decirle disparates a mi secretaria: "¡Si esas personas piensan por un momento que van a hacerme algo así a mí, no saben lo que les espera! ¡Puedes llamarlos y decirles eso!"

En sólo unos instantes el Señor me habló y me dijo: "Sí, vas a ir, y no vas a decir nada sobre este tema. No te preocuparás por el dinero. Irás y ministrarás como lo prometiste, y lo harás dulce y amablemente. Confiarás en que yo cuidaré de ti."

Cuando se levanta una ofrenda de amor para el orador, todas las personas que participan de la reunión tienen una oportunidad de dar. Cuando se da un honorario, la iglesia decide cuánto debe recibir el orador. Yo consideré que probablemente la ofrenda sería mayor si todas las personas tenían la oportunidad de dar. Dios quería que le confiara todo este tema, y que creyera que Él era capaz de darme lo que Él quisiera que yo recibiera, sin importar a través de quién.

A veces la gente, efectivamente, trata de sacar ventaja de nosotros y de nuestro ministerio. Y hemos querido tomar el tema en nuestras propias manos. Él nos ha instruido: "Simplemente sigue siendo fiel a mí, haciendo lo que yo te digo que hagas. En ocasiones parecerá que la gente trata de sacar ventaja de ti, pero si mantienes tus ojos en mí, nadie podrá sacar ventaja de ti, porque yo soy el Señor de la justicia. Deja de seguir buscando la justicia para tu vida, y déjame a mí dártela."

El mismo principio se aplica a levantar fondos para suplir las necesidades de nuestro ministerio. Dios nos ha dicho que echemos nuestro cuidado sobre Él, y Él proveerá lo que necesitemos para llevar a cabo su obra.

Como ministro del evangelio, mi trabajo no es gastar la mayor parte de mi tiempo tratando de imaginar cómo obtener dinero para pagar cuentas y levantar edificios. Mi trabajo es enseñar y predicar, orar y bendecir a las personas. Es trabajo de Dios proveer para mí. Mi parte es compartir con las personas la Palabra relacionada con el dar, dejarles saber nuestras necesidades, confiar en que Dios obrará en sus corazones, y que obtendremos lo suficiente para satisfacer nuestras necesidades.

Si nos dedicamos tanto a cuidar de nosotros mismos, fracasaremos en realizar aquello para lo cual hemos sido llamados, que es ministrar a las necesidades de otros. Sin importar lo que nos pase, la forma en que seamos tratados o maltratados, debemos continuar haciendo el trabajo que Dios ha establecido para nosotros. Debemos encomendarnos a Él, confiar en que Él nos justifica y nos confirma, nos protege y provee para nosotros, nos ayuda y nos guarda.

DIOS ES NUESTRO AYUDADOR Y NUESTRO GUARDADOR

Alzaré mis ojos a los montes; ¿de dónde vendrá mi socorro? Mi socorro viene de Jehová, que hizo los cielos y la tierra. No dará tu pie al resbaladero, ni se dormirá el que te guarda. He aquí, no se adormecerá ni dormirá el que guarda a Israel. Jehová es tu guardador; Jehová es tu sombra a tu mano derecha. El sol no te fatigará de día, ni la luna de noche. Jehová te guardará de todo mal; Él guardará tu alma. Jehová guardará tu salida y tu entrada desde ahora y para siempre.

SALMO 121:1-8

El Salmo 121 es un precioso himno sobre Dios como Ayudador y Guardador de quienes confían en Él. En medio de los tiempos de prueba, deberíamos leerlo y meditar en él constantemente.

En el Salmo 17:8, el salmista oraba a Dios: *Guárdame como a la niña de tus ojos; escóndeme bajo la sombra de tus alas.* Ya hemos visto cómo Dios ha prometido velar por y proteger a los que se refugian bajo la sombra de sus alas, ¿pero cómo se protege la pupila de su ojo? Por el párpado. Cuando el peligro lo amenaza, el párpado inmediatamente se cierra, dejando afuera cualquier cosa que pueda dañarlo. Eso es lo que Dios hace con los que nos encomendamos a Él.

DIOS NOS PREMIA Y NOS RECOMPENSA

Y vosotros seréis llamados sacerdotes de Jehová, ministros de nuestro Dios seréis llamados; comeréis las riquezas de las naciones, y con su gloria seréis sublimes. En lugar de vuestra doble confusión y de vuestra deshonra, os alabarán en sus heredades; por lo cual en sus tierras poseerán doble honra, y tendrán perpetuo gozo. Porque yo Jehová soy amante del derecho...

ISAÍAS 61:6-8

Hebreos 11:6 dice de Dios: *...es galardonador de los que le buscan.* De manera que Dios no es sólo nuestro Ayudador y nuestro Guardador, Él también es quien nos premia y recompensa. Una recompensa es un pago por algo, como la compensación de los trabajadores (ver Génesis 15:1).

En una oportunidad Dios me habló y me dijo: "Joyce, tú trabajas para mí; tú estás en mi nómina de personal. Si de alguna manera resultas herida, no debes tratar de lograr una indemnización o de vengarte, porque seré yo quien cuide de ti —yo pagaré, porque yo soy un Dios de justicia".

CONFÍE EN EL DIOS DE JUSTICIA

Pues conocemos al que dijo: Mía es la venganza, yo daré el pago, dice el Señor. Y otra vez: El Señor juzgará a su pueblo.

HEBREOS 10:30

¿Sabe usted lo que Dios quiere significar cuando dice que Él es el Dios de justicia? Quiere decir que tarde o temprano Él pondrá las cosas en su justo lugar. Él verá que obtengamos todo lo que es para nosotros.

Como cristianos, no es nuestra tarea buscar venganza, sino orar por nuestros enemigos, por quienes nos hayan maltratado, abusado de nosotros y sacado ventaja de nosotros. Si lo hacemos, Dios ha prometido que nos cuidará.

Dios no es sólo nuestro Ayudador, nuestro Guardador y Quien nos recompensa, sino que también es el Juez Justo. Él decide, resuelve y soluciona las causas y los casos de su pueblo.

Es necesario que usted y yo confiemos nuestro caso a la Santísima Trinidad. Con Jesús como nuestro Amigo, el Espíritu Santo como nuestro Abogado, y el Padre celestial como nuestro Juez, podemos dejar de cuidar de nosotros mismos, seguros de que se hará justicia —así que no se afane por nada.

Notas finales

❧

Capítulo 2

1. *Webster's II New Riverside Desk Dictionary* (Boston: Houghton Mifflin Company, 1988), s.v. "anxiety" (ansiedad).

2. *Webster's New World College Dictionary*, 3ª. Ed. (New York: Macmillan, 1996), s.v. "anxiety" (ansiedad).

3. Música Maranata, "He Has Made Me Glad" (Nashville: 1976).

Capítulo 6

1. James E. Strong, "Hebrew and Chaldee Dictionary", en *Strong's Exhaustive Concordance of the Bible*, (Concordancia Exhaustiva de la Biblia, de Strong), (Nashville: Abingdon, 1890), p.52, entrada #3427, s.v. "dwell" ("morar"), Salmo 91:1.

Capítulo 7

1. Basado en definiciones de W.E. Vine, Merrill F. Unger, William White Jr., *Vine's Complete Expository Dictionary of the Old and New Testament Words* (Vine - Diccionario Expositivo de palabras del Antiguo y Nuevo Testamento Exhaustivo) (Nashville: Thomas Nelson, Inc, 1984), "Sección Nuevo Testamento", p. 91, s.v. "CAST" (lanzar, echar, tirar, arrojar), A. Verbos.

2. Vine, p. 89, s.v.. "CARE (sustantivo y verbo), CAREFUL, CAREFULLY, CAREFULNESS" (Cuidado, cuidadoso, cuidadosamente, con cuidado, atención, meticulosamente). A. Nouns, 1.

3. Nota de pie de página de 1 Pedro 5:8 escrita por A.S. Worrell en *The Worrell New Testament* (Springfield, MO: Gospel Publishing House, 1980), p 352.

4. Íbid.

Capítulo 8

1. Norman P. Grubb, *Rees Howells Intercessor* (Fort Washington, PA: Christian Literature Crusade, publicado por primera vez en 1952, edición rústica 1967, esta edición 1980 se realizó por un arreglo especial con editores británicos y norteamericanos).

2. Tingay and Badcock, *These Were the Romans* (Chester Springs, PA: Dufour Editions, Inc, 1989).

3. James E. Strong, "Greek Dictionary of the New Testament", en *Strong's Exhaustive Concordance of the Bible* (Nashville: Abingdon, 1890), p. 47, entrada # 3339, s.v. "change" (cambio), 2 Corintios 3:18.

4. Basado en la definición de la 3ª. Edición de Webster, s.v. "Metamorfosis": "un notorio o completo cambio de carácter, apariencia, condición, etc."; "la transformación física más o menos repentina, que sufren ciertos animales durante su desarrollo, luego de su estado embrionario..."

Capítulo 9

1. Estos audiocasetes (en inglés) se encuentran disponibles para la venta. Para obtener una lista completa de los casetes de enseñanza en este y otros temas, contacte a la autora en las direcciones citadas al final de este libro.

2. Robert E. Coleman, Timothy K. Beougher, Tom Phillips, William A. Shell, editores; "Disciple Making: Training Leaders to Make Disciples" (Haciendo discípulos: entrenar líderes para hacer discípulos), The Online Self-Study course; copyright © 1994 por el Billy Graham Center Institute of Evangelism. Disponible en http://www.wheaton.edu/bgc/ioe/fud/chpt6.html;internet.

Acerca de la autora

⌘

Joyce Meyer ha venido enseñando la Palabra de Dios desde 1976 y en ministerio a tiempo completo desde 1980. Es autora de más de 54 libros, entre ellos *Controlando sus emociones, El desarrollo de un líder, La batalla es del Señor, Conozca a Dios íntimamente, Cómo oír a Dios, Disfrute donde está camino a donde va* y *Adicción a la aprobación*. Ha grabado más de 220 álbumes de audio casetes y más de 90 vídeos. El programa radial y televisivo de "Vida en la Palabra" se transmite a través del mundo. Ella viaja extensamente para compartir el mensaje de Dios en sus conferencias. Joyce y su esposo, Dave, han estado casados por más de 33 años, tienen cuatro hijos y viven en Missouri. Los cuatro están casados y tanto ellos como sus cónyuges trabajan junto a Dave y Joyce en el ministerio.

Para localizar a la autora en los
Estados Unidos:

Joyce Meyer Ministries
P.O. Box 655
Fenton, Missouri 63026
Tel: (636) 349-0303
www.joycemeyer.org

Favor de incluir su testimonio o la ayuda recibida a través de este libro cuando nos escriba. Sus peticiones de oración son bienvenidas.

En Canadá:

Joyce Meyer Ministries Canada, Inc.
Lambeth Box 1300
London, ON N6P 1T5
Tel: (636) 349.0303

En Australia:

Joyce Meyer Ministries-Australia
Locked Bag 77
Mansfield Delivery Centre
Queensland 4122
Tel: (07) 3349 1200

En Inglaterra:

Joyce Meyer Ministries
P.O. Box 1549
Windsor SL4 1GT
Tel: 0 1753-831102